Edith-Ulla Gasser [Hg.]

Geld und Gier

Die besten Texte aus dem Ö1 Literaturwettbewerb

ORF
1
RADIO ÖSTERREICH 1

GELD und GIER

Die besten Texte aus dem Ö1 Literaturwettbewerb

Hg.: Edith-Ulla Gasser

braumüller

Wir danken für die Unterstützung:

WIENER STÄDTISCHE
VERSICHERUNGSVEREIN

Bibliografische Information der Deutschen Nationalbibliothek
Die Deutsche Nationalbibliothek verzeichnet diese Publikation in der Deutschen Nationalbibliografie; detaillierte bibliografische Daten sind im Internet über http://dnb.d-nb.de abrufbar.

Printed in Austria

1. Auflage 2015

Argentinierstraße 30a, A-1040 Wien
oe1.orf.at

Druck: Druckerei Theiss GmbH, A-9431 St. Stefan im Lavanttal
ISBN 978-3-99200-149-1

Inhalt

Die Siegertexte des Öi Literaturwettbewerbs „Geld und Gier"

Ein Vorwort von Edith-Ulla Gasser,
Literaturredaktion Öi

Am 15. September 2008, es war ein Montag, begann die Finanzwelt zu beben. Die US-amerikanische Investmentbank Lehman Brothers schrieb Verluste in Milliardenhöhe und schlitterte in die Insolvenz. Das war die Initialzündung für den beginnenden Absturz der Aktienmärkte, der das globale Finanzsystem an den Rand des Kollaps brachte. Spätestens seit diesem Tag steht die gesamte Welt im Zeichen der sogenannten Finanzkrise. Banken kollabieren und müssen mit Steuergeldern gerettet werden, kritische Bürgerbewegungen entstehen, weltweit formiert sich Protest. Während die Superreichen ihr Geld rund um den Globus jagen und sich durch geschickte Firmenkonstruktionen ihrer steuerlichen Pflichten entledigen, klafft die Schere zwischen arm und reich zunehmend weiter auseinander. Die Jugendarbeitslosigkeit steigt in manchen Ländern bis an die 50-Prozent-Marke, die politische Instabilität erzeugt eine Generation ohne Hoffnung.

Seither hat sich das Bewusstsein für wirtschaftliche Fragen weltweit verändert. Wer zahlt, und wer schafft an? Das ist nur eine der Fragen, die sich viele Bürgerinnen und Bürger stellen. Und gerade literarische Texte sind oft ein sensibler Gradmesser für gesellschaftliche Fehlentwicklungen.

„Geld und Gier" war deshalb das Motto eines Literaturwettbewerbs, den der Radiokultursender Ö1 ausschrieb, initiiert von Ö1 Chef Peter Klein und unterstützt vom „Wiener Städtischen Versicherungsverein".

Das Echo auf die Ausschreibung übertraf alle Erwartungen. Bis zum Einsendeschluss am 30. Juni 2015 erreichten mehr als 400 Beiträge die Ö1 Literaturredaktion, von denen etwa 350 den Vorgaben der Ausschreibung entsprachen. Eine Vorjury filterte daraus die 22 besten Texte, und aus dieser Shortlist kürte die Hauptjury neun Ex-Aequo-Siegerinnen und Sieger, die am siebten Jahrestag der Pleite der US-Investmentbank Lehman Brothers im ORF Radiocafé in Wien dem Publikum vorgestellt wurden.

Die neun Texte zeigen nicht nur inhaltlich, sondern auch formal ganz verschiedene Zugangsweisen zum Thema, und beeindruckten die Jury durch Originalität und Ausführung.

In „So weit sind wir noch nicht" von Irmgard Fuchs kann ein Mittelstands-Paar seine Wohnungsmiete nicht mehr bezahlen und erkennt, nun auch selbst zu den Verlierern der Wirtschaftskrise zu gehören. Silvia Pistotnigs tragische Heldinnen in „Hunger" sind eine

Übergewichtige und eine Bulimikerin, die gemeinsam ihr gesamtes Geld für scheinbar sinnlose häusliche Fressorgien ausgeben. Susanne Gregors „Riesin", eine übergroß gewachsene Frau, kann der Versuchung nicht widerstehen, für Sex Geld anzunehmen. In Wolfgang Mörths Erzählung „Die Jäger der Friedensbrücke" gerät ein smarter Lotto-Jackpot-Gewinner auf bestürzende menschliche Abwege. Angelika Stallhofer lässt in „Portrait of the Artist as a Young Woman oder Unverschämte Sklaven in 11 Kapiteln" eine Künstlerin die Frage nach der sogenannten Freiheit in einer marktorientierten Welt erörtern. In Nadine Kegeles „Kondor" wird die Welt der Markt- und Firmenoptimierer und deren zynische Werthaltung in erhellender Weise überzeichnet. Harald Darer reflektiert in seiner Erzählung „Zom_Be" die digitale Medienwelt zwischen News und Werbebotschaften. „Meine Mutter kauft sich einen Strand" von Gabriele Kögl stellt die Frage nach der Käuflichkeit von Glück und nach dem richtigen Maß materieller Dinge im Alltags- und Familienleben. Und in Robert Woelfls Text „Lebendes Geld" begleiten wir den Autor in die ganz alltägliche Welt der Einkaufszentren, wo Kitsch und Kaufhausmusik die Suche nach dem wahren Leben behindern.

Dass man sich in Österreich um den literarischen Nachwuchs nicht zu sorgen braucht, wird hier schon allein dadurch gezeigt, dass die neun Siegertexte sowohl von bekannten als auch von noch jungen und wenig bekannten Autorinnen und Autoren stammen.

Die Jurorinnen und Juroren waren Edith-Ulla Gasser, Peter Klein, Julia Schlager sowie Julia Zarbach von Ö1, Barbara Grötschnig vom „Wiener Städtischen Versicherungsverein“, sowie der ORF Betriebsratsvorsitzende und Staatspreisträger für Literaturkritik Gerhard Moser. Für das Vorwort zu dieser Buchanthologie konnte der Autor Peter Rosei gewonnen werden. Die 9 Siegertexte werden im Programm von Ö1 in besonders sorgfältig gestalteten Produktionen ausgestrahlt. Die Qualität der eingesendeten literarischen Beiträge hätte noch viel mehr Siegerinnen und Sieger erlaubt!

Bankencrash und Wirtschaftskrise aus der Sicht von Autorinnen und Autoren

Ein Geleitwort von Dr. Günter Geyer, Vorstandsvorsitzender des „Wiener Städtischen Versicherungsvereins“

Seit nunmehr sieben Jahren hält die Finanzkrise Börsen, Unternehmen, Arbeitnehmer, Ökonomen, Politiker und damit die ganze Welt in Atem. Ausgehend von der Pleite der US-Investmentbank Lehman Brothers entstand eine Krise, deren Konsequenzen weitreichend und langfristig sind. Als Hauptaktionär der Vienna Insurance Group, die in 25 europäischen Ländern mit über 50 Versicherungsgesellschaften vertreten ist, wissen wir um die hohe Bedeutung dieser globalen Wirtschaftskrise. Darüber hinaus hinterlässt diese Krise auch auf gesellschaftlicher, individueller und psychologischer Ebene ihre Spuren. Ein österreichisches Zeugnis hiervon ist etwa der Ö1 Literaturwettbewerb „Geld und Gier“, der dazu aufforderte, sich am Diskurs rund um die Finanzkrise zu beteiligen. Nicht mit Rechenbeispielen, Zahlen oder Fakten, sondern mit dem geschriebenen Wort setzten sich Autorinnen und Autoren mit zentralen Aspekten und Auswirkungen der Finanzkrise auseinander. In diesem

Buch werden aus mehr als 400 Einsendungen die neun Siegertexte präsentiert. Überraschend war die Vielfalt der Texte, die sich dem Thema „Geld und Gier“ auf unterschiedlichste Weise näherten. Diese Vielfalt und auch der durchaus kritische Blick auf die Wirtschaft ist uns wichtig, denn Vielfalt spielt auch für den „Wiener Städtischen Versicherungsverein“ eine zentrale Rolle. Traditionell fördern wir eine breite Palette an unterschiedlichsten Projekten aus dem Kunst- und Kultur- sowie aus dem sozialen Bereich. Aber nicht nur aufgrund seiner Tradition hat sich der „Wiener Städtische Versicherungsverein“ dazu entschlossen, den Ö1 Literaturwettbewerb zu unterstützen. Vielmehr sehen wir es als unsere gesellschaftliche Verantwortung, Kultur lebendig zu gestalten und eine breite Öffentlichkeit dafür zu begeistern. Denn Kultur, und das wird vor allem im Rahmen dieses Wettbewerbes deutlich, ist ein Abbild unserer Zeit. In diesem Sinne wünsche ich Ihnen eine spannende Lektüre.

„Geld und Gier“

Ein Vorwort von Peter Rosei

Geld und Gier, wie ein Synonym klingt das in unseren Ohren. Allein, nur ein Robinson würde kein Geld brauchen. Gäbe es kein Geld, müssten die Leute Klaviere gegen Erdäpfel, Schuhe gegen Autos und Marmelade gegen Smartphones eintauschen. Eine solche Art von Tauschwirtschaft, wir wissen es aus Krisenzeiten, begünstigt erst recht den Spekulanten; in jedem Fall aber den, der am längeren Ast sitzt.

Geld an sich ist eine nützliche Sache. Auch Banken sind an sich eine nützliche Sache: Ihr Zweck ist es, Werte aufzubewahren, die man im Augenblick nicht braucht, auf die man später einmal zurückkommen möchte. Zugleich brauchen andere, was sie im Moment nicht haben, um etwas Nützliches damit ins Werk zu setzen. Banken sind – oder sollten – das Gelenk sein zwischen denen, die etwas haben, was sie im Moment nicht brauchen, und denen, die etwas brauchen, was sie im Moment nicht haben – zu beiderseitigem Nutzen. So weit, so gut.

Halten wir fest, dass Geld ein ökonomischer, finanztechnischer Begriff ist, Gier aber ein moralischer.

Die beiden Begriffe kommen aus ganz verschiedenen Sphären. Fragt sich also: Wie kommen sie zusammen?

*

Das Kapitalismus genannte ökonomische System ist ein Stück Natur in der Kultur, ist ein Stück zugelassener Evolution in einer ansonsten ganz anders konzipierten menschlichen Gemeinschaft.

Sprechen wir von der schöpferischen Zerstörung, für den kapitalistischen Wirtschaftsprozess angeblich typisch, so ist damit nichts anderes gemeint als das allgemeine Lebensprinzip, wie es von Charles Darwin definiert wird, angewendet auf das Gebiet der Ökonomie.

Das Neue und besser Realitätstaugliche unterminiert und zerstört ständig das Alte und vergleichsweise schlechter Funktionierende. Der neue Gedanke bringt den zuvor gefassten ins Wanken, die neue Mode lässt die alte überholt aussehen, das durchgreifendere Prinzip weist das beschränktere in seine Schranken.

Kapitalismus, das meint ein ständiges Wetten auf ein besseres, ein schöneres Morgen. Gegenwart ist in ihm bloß Aus- und Durchgangslage für stets neue Unternehmungen und sogenannten Fortschritt, pekuniärer Erfolg das wichtigste, oft einzige Kriterium.

Die westlichen Gesellschaften und mit ihnen der sogenannte Rest der Welt setzen seit langem auf Konkurrenz als Motor des ökonomischen Prozesses für die

Gewinnung der materiellen Lebensgrundlage. Parallel dazu läuft die große Emanzipationsbewegung weg von Kirche, Staat und Ideologie. Das 20. Jahrhundert war eines der Dehierarchisierung. Was wurde nicht alles vom Sockel gestürzt oder zumindest hinterfragt und unter Anführungsstriche gestellt! Die Religionen und Ideologien, die herrschenden Klassen, ja, der Staat selbst mit seinem Anspruch an den Einzelnen. Wir haben uns befreit, und das ist gut so. Übrig geblieben ist allerdings die glanzlose Hierarchie des Geldes und die dumme Macht, die es verleiht, gleichsam als Bodensatz, der nun aggressiv und kaum gehindert alles durchdringt und fermentiert.

Alle gesellschaftlichen Gegenbewegungen in den letzten zweihundert Jahren haben im Wesentlichen versucht, die Ideen der Französischen Revolution umzusetzen: Freiheit, Gleichheit, Brüderlichkeit! (Letztere würde man heute vielleicht Solidarität nennen.) Der von den Prinzipien der Französischen Revolution vorgegebene Weg, der Weg der Emanzipation und Dehierarchisierung, ist unumkehrbar geworden, die Menschheit insgesamt, wenige Ausnahmen zugegeben, ist auf ihn eingeschwenkt.

Dieses Befreiungsprogramm, seiner Natur nach grenzenlos, stattet das Individuum mit immer mehr Rechten aus, stellt es aber zugleich, nur wenig geschützt, den Marktmächten gegenüber. Denkt man an die Macht der Monopole, an die Einflussmöglichkeiten der Werbung, an die Erfassbarkeit des Einzelnen durch elektronische Netze, muss einem da nicht der Zugewinn an persönlicher Freiheit fragwürdig, ja, in weiten Teilen illusionär vorkommen?

*

Gier zielt grundsätzlich auf ein Mehr-und-Mehr-und-Mehr ab. Gier ist elementar. Gier agiert jenseits der Vernunft. Gier kennt kein Ende. Das Wesen des Kapitalismus, was immer man sonst über ihn denken mag, ist aber im Grund nicht Gier. Es ist Rasanz und rastloses Fortwärtsstreben, wobei, was das soziale Feld angeht, dieses Fortwärtsstreben sich rasch einmal mit Konkurrenten, die ebenso streben, konfrontiert sieht.

In einer Gesellschaft ohne Utopie, in einer Gesellschaft ohne Orientierung auf ein übergreifendes oder, benennen wir es ruhig so, auf ein höheres Prinzip, ist es möglich, dass die Gier, an ihrer Entfesselung jetzt durch nichts mehr gehindert, nicht nur zum Laster Einzelner, sondern geradezu zum allgemeinen Charakter wird.

Jeder reißt an sich, so viel er kann. Jeder gegen jeden. Der Geschichtsphilosoph Siegfried Kracauer spricht von der getrübten Vernunft, die im Kapitalismus herrscht. Was meint er damit? Denk an das für die vielen verlorene Glück – ein paar wenige haben alles genommen –, denk an die Welt, deren Teil du doch bist und wie man sie plündert, denk an den Schnickschnack, denk ans Überflüssige, denk an den Tand – und denk an die Zukunft.

*

Empört Euch! – Ein tolles Programm. Fragt sich nur, wogegen wir uns empören sollen? Es wird, die Manager selbst ausgenommen, wohl kaum jemanden geben, der die wahnwitzig überhöhten Löhne und Boni dieser Herrschaften nicht empörend findet. Es wird sich kaum einer finden, der es als gerecht ansieht, dass Shareholder zwar die Gewinne einstreifen, geht die Sache aber schief, die öffentliche Hand zur Kasse bitten. Es wird kaum jemandem gefallen, dass Großkonzerne ihre Gewinne so veranlagen können, dass sie kaum Steuern dafür zahlen müssen. Es wird niemanden begeistern, wenn er hört, dass die Schere zwischen Arm und Reich weiter aufgegangen ist und jeden Moment noch weiter aufgeht.

Natürlich kann jede Gesellschaft versuchen, angetrieben von der diffusen Empörung einer unbestimmten Zahl ihrer Mitglieder, alle Möglichkeiten des Gesetzes gegen Fehlentwicklung und Missbrauch zu mobilisieren. Tatsächlich zeigt sich, dass diese Maßnahmen meist sehr zahm ausfallen, und im Übrigen auch durch allerhand Tricks der Betroffenen bald wieder egalisiert werden. Man denke etwa an die lang geplante und vielfach herausgestellte Transaktionssteuer. Die Mächtigen, so viel steht fest, geben ihre Macht nur ungern her. Müssen sie gegen alle Gewohnheit doch einmal ein wenig davon lassen, finden sie bald geeignete Umwege, um wieder in ihren Besitz zu kommen.

Jesus warf die Händler aus dem Tempel. Wir wissen aber nur zu gut, dass diese die Neigung haben, beim Hintereingang wieder hereinzudrängen.

*

Wir müssen uns auch gegen uns selbst empören, was so viel heißt wie: Wir müssen unsere Lage überdenken. Wir müssen uns fragen, wie wir leben wollen, in welcher Gesellschaft und in welcher Welt?

Alles Hier-Sein und So-Sein, diese sogenannten Verhältnisse, können uns Auskunft geben darüber, was uns nicht gefällt, nicht passt, was wir verändern wollen. Die Kraft und der Mut zur Veränderung, sie fließen uns freilich nicht zugleich mit solcher Erkenntnis zu. Wo sollen sie herkommen? Pläne und Vorschläge, wie die Welt zu verbessern sei, gibt es mehr als genug. Gebt mir einen festen Punkt, so der griechische Philosoph Archimedes, und ich will euch die Welt aus den Angeln heben. Genau diesen Punkt braucht es – dringender denn je.

Die Texte

So weit sind wir noch nicht

Irmgard Fuchs

Wir machen uns etwas vor. *Etwas oder alles?* Fragst du und ich sage, dass das doch deckungsgleich ist. Ich sage, dass wir doch ohnehin von vorne nach hinten und von hinten nach vorne alles durchgegangen sind. Alles haben wir aufgeschrieben und es ist etwas dabei herausgekommen, das nicht genügt. *Etwas oder wir?* Fragst du mich und ich kenne die Antwort nicht. Stattdessen reiße ich das vollgeschriebene Blatt vom Block, knülle es mit meinen Händen zusammen. Ich weiß, es wäre vermessen, es jetzt auch noch anzuzünden. Trotzdem sehne ich mich danach, das Papier mit einem Streichholz anzustecken. Ich sehe die Ränder *leuchtend* orange vor mir und wie sich innerhalb der glühenden Linie schwarz abzeichnet, dass das Feuer vorzudringen gedenkt. Du blickst auf meine Hand, in der das Papier liegt. Ob ich wisse, dass leere Teebeutel zu fliegen beginnen, wenn man sie aufreißt, als Rohr aufstellt und oben anzündet. *Fliegen und zu Staub zerfallen.* Sagst du, willst mir aber kein Streichholz geben. Wir sind gegen Feuer ohnehin nicht mehr versichert.

*

Wir rechnen durch, was es kostet, sich zu verändern. *Umorientieren.* Sagst du. *Weiterentwickeln. Neue Ufer.* Ich steuere zu den Worten nichts bei, sondern schreibe Zahlen auf ein neues Blatt. Die Miete so und so, kalt. Betriebskosten, Heizung, Strom, Gas. Internet extra. *Siehst du, das ist jetzt schon die Summe unserer Fixkosten.* Sage ich. Und du sagst, dass das aber mehr ist, als unsere Schmerzgrenze zulässt. *Schmerzgrenzen dienen doch bloß als Richtwerte.* Sage ich. *Richtwerte, die wir uns nicht aussuchen können.* Mit fester Hand entreißt du mir den Stift und streichst die Zahlen durch. Ich schreie. *DAS IST HALT SO.* Und du fragst, wer sagen dürfe, was wie ist. Was soll ich darauf sagen? Denke ich. Speichel sammelt sich in meinem Mund, ich schlucke und sehe, wie du schaust. Wie du darauf wartest, dass ich dir eine Erklärung biete, die es einfacher macht. Es drängt mich danach, sie zu geben.

*

Du sitzt da und fixierst den Zettel mit dem hässlichen Briefkopf. Er ist ein stilisiertes Haus, die Betreffzeile ist durch dicke, rote Buchstaben hervorgehoben. Du sitzt da und der Brief liegt dort, das Deckenlicht ist ausgeschaltet, die sonst rote Digitalanzeige des Radios leuchtet nicht. Zwischen dir und mir, in uns und um uns ist es jetzt still.

*

Du wartest auf mich. Du hoffst, dass ich das Schweigen beende. Und ich will auch etwas sagen, unbedingt, weil ich weiß, dass es nur weitergehen kann, wenn die Worte zwischen uns nicht aufhören. Die Stille ist das Schlimmste, zwischen uns. In der Stille verlieren wir uns ganz. In unserer Angst und der Dunkelheit, in die uns das Denken an die Zukunft drängt. Darum öffne ich den Mund und will sagen. Achtzigtausend. Will sagen. Ich weiß nicht mehr genau, wer es gesagt oder geschrieben hat. Ich weiß nicht mehr, ob überhaupt jemals jemand irgendwas. Gemeint. Oder ob ich nur gedacht habe, dass. Ich will sagen. Ein Skandal ist das doch. Die einen haben kein Zuhause, erfrieren, werden bei Regen nass, schlafen am Boden. Und die anderen halten die Wohnungen zurück. Achtzigtausend Möglichkeiten. Die Summe würde uns von uns selbst ablenken. Vielleicht nur für einen Augenblick, aber der könnte schon ausreichend sein. Ein Stück weit öffne ich den Mund, aber der Satz will nicht heraus. Die Zahl legt sich quer.

Es ist kompliziert. Sage ich. Endlich. Und du lachst. Nicht belustigt, nicht erleichtert. Es ist einfach nur ein Geräusch.

*

Als Kind. Sagst du. Als Kind hättest du blaue Kaugummis, die einzeln zu kaufen waren, die mit den Sammel-Pickerln, zuerst gekauft, die Pickerln herausgezogen und dann die Pickerln zum vollen Preis ohne die Kaugummis in der Schule weiterverkauft. Ein Sammelalbum-Wahn sei das gewesen, habe dir einen Markt geschaffen, auf dem die Kinder dir die Pickerln geradezu aus der Hand gerissen hätten, denn selbst hätten sie sie ja zusammen mit dem Kaugummi kaufen müssen, was unmöglich gewesen war, für Kinder, die nur in Anwesenheit der Eltern in den Supermarkt kamen. Eltern hätten ihren behüteten Kindern nämlich diese blauen, klebrig-zuckrigen Kaugummis verboten. Denn für die Erwachsenen seien die blauen Kaugummis primitiv gewesen. Oder anders gesagt, die Kaugummis hätten die Kinder für die Erwachsenen zu Primitiven gemacht. Mit den blauen Zungen und den blauen Zähnen und den blauen Lippen. Keine Eltern wollten sehen, dass ihre Kinder auch so sein könnten. Nur du hättest diesen Luxus gehabt, den ganzen Tag und immer allein, die anderen in der Arbeit. Und so hättest du eben in Begleitung deines Taschengeldes im Supermarkt in aller Ruhe die Kaugummivorräte aufkaufen können. *Eine Win-Win Situation.* Sagst du. Nach Traube hätten sie geschmeckt, die Kaugummis, wenn du sie in den Pausen gekaut hast. *Nach Überlegenheit.* Sagst du. Danach, dass du anders seist als die anderen, die manisch ihre Sammelalben mit den Pickerln vollgeklebt hätten. Sie hätten alle die gleichen, dummen Sammelalben gehabt, nur du einen blauen Mund.

So sei die Sache allerdings auch aufgeflogen.

*

Ich stehe auf, gehe zur Küchenzeile, hole aus dem Küchenschrank die metallene Salatschüssel, ziehe die Schublade auf, hole aus der Schublade das Feuerzeug und setze mich dir gegenüber zurück an den Tisch. Dann lege ich das zusammengeknüllte Blatt, den Kündigungsbrief der Gebäudeverwaltung und die Kontoauszüge, die auch auf dem Tisch ausgebreitet liegen, in die Schüssel und zünde alles an.

*

Wir versuchen, uns auf das Wesentliche zu reduzieren. Sagst du und der Mann bei der Schuldnerberatung rechnet noch einmal alles durch. Er sagt. *Da kann nichts mehr eingespart werden.* Er sagt. *Sie haben ein Cashflow-Problem in Bezug auf Ihr Einkommen.*

Dem Einkommen ist wohl nicht auszukommen. Sage ich, und während der Mann von der Schuldnerberatung höflichkeitshalber ein bisschen lächelt, starrst du mich fassungslos an. Du fragst, was ich mir eigentlich einbilde. Du fragst, warum ich mir jetzt schon ausmale, wie es sein wird, wenn wir irgendwann einmal wirklich zu so einer Beratungsstelle gehen müssen. Und du bestehst darauf, dass wir noch selber zu wissen haben, wie es um uns steht.

Du hast ja recht, so wie immer. *So weit sind wir noch nicht.* Sagst du. Du sagst, dass man so weit niemals denken darf, denn wer sich auf das Schlimmste vorbereitet, wird es auch bekommen. *Self-fulfilling prophecy.* So nennst du das.

*

Wir sind noch nicht so weit, dass wir es nicht zumindest versuchen würden. Sagst du und schlägst die Zeitung auf. *Es gibt für uns so viele Auswege.* Du bist dir sicher darin. Du bist dir sicher, dass es irgendwie doch weitergehen wird. Dass sich für uns noch eine Möglichkeit finden wird. Oder etwas, das noch im Rahmen des Möglichen ist. Ein Wunder, ein bisschen Glück. Ein Neuanfang. *Drei Zimmer, Küche, Bad.* Sagst du. Oder zwei Zimmer, Kabinett, Loggia, Flur mit Küchenblock. Oder Loft mit Schlafkammer. Oder Pärchenhit in Innenstadtlage. Oder die kleine Wohnoase. Oder ein Karton. Ein Stockbett. Ein Brückenpfosten. *Hauptsache, wir bleiben, wer wir sind.* Sagst du. Und, dass Diogenes freiwillig in einer Tonne gelebt und dort alles Notwendige vorgefunden habe.

*

Du. Sage ich. *Wir bleiben einfach hier.* Man könne doch nicht einfach jemandem die Wohnung kündigen, nur weil der Mietzins noch der Nachkriegsmietzins der Großmutter ist und das auf einmal nicht mehr reicht. Ich sage, dass man doch keinen Vertrag kündigen könne und auch keine Miete verdreifachen, nur weil der Zustand anscheinend plötzlich nicht mehr den Standards entspreche. Es ging uns doch gut hier. Und ich kann nicht glauben, dass man uns etwas antäte, würden wir bleiben. Wo wir doch im Recht sind. Eigentlich. Ich sage. *Diese Leute brauchen unsere kleine Wohnung doch gar nicht. Stell dir vor.* Sage ich. *Die lassen achtzigtausend Wohnungen leer stehen, um die Mietpreise in der Stadt hochzutreiben und eine Wohnungsnot auszulösen. Und uns werfen sie auf die Straße.* Ich sage, dass das doch alles nur ein fiktives Problem sein kann. Eine Verirrung. Und ich frage. *Was soll uns schon passieren, wenn wir einfach aufhören, daran zu glauben, dass die, die einem solche Briefe schicken, mehr Recht dazu haben, über uns zu entscheiden, als wir selbst?*

Du erwiderst nichts. Ich warte ab, schaue dich an. Du blickst auf den Punkt auf der Tischplatte, den du immer fixierst. Ich weiß, dass du weißt, dass in unserem Leben alles endlos knapp bemessen ist und eine Veränderung jetzt keinen Platz hat.

Du gibst dein Schweigen nicht auf und ich wende mich der Wohnungstür zu, die wir womöglich bald verbarrikadieren. Es ist eine schöne, alte, weißlackierte

Flügeltür. Ein kleines Guckloch nach draußen. Eine Kette. Eine zweite Kette. Ein Riegel.

Du stehst auf, schaltest das Deckenlicht ein, steckst das Radio an und trägst die Metallschüssel mit dem verkohlten Papier zur Spüle. Leise spielt Orgelmusik aus dem Radio heraus und die Digitalanzeige blinkt bei 0:00.

So weit sind wir noch nicht. Sagst du, drückst auf die Sendersuchlauftaste und stellst die Uhr am Radio ein. 18:48.

*

Mach dir keine Hoffnungen, es gibt keine Revolutionen. Sagst du. Da helfen auch keine vermeintlichen Zeichen. Alles was hilft, ist, nicht auf das zu warten, was ohnehin ausbleibt. *Was wir brauchen ist ein Schlachtplan.* Sagst du. Weil du aber nicht sagen kannst, wo das Schlachtfeld sein oder wer den Kampf ausfechten wird, konzentrierst du dich auf die Erschaffung einer Ordnung, in die du unsere Unordnung hineinzusortieren versuchst.

*

Du tust wissend und sagst, dass der Quadratmeterpreis da so und so und dort so und so sei. Du zeichnest einen roten Kreis auf den Stadtplan und dort ist der Mietzins so und so viel weniger als dort, wo du ein

Quadrat hinzeichnest. Du sagst. *Im Kreis ist alles billiger, weil es dort statistisch gesehen mehr Gewaltverbrechen gibt und weniger Infrastruktur.* Ich frage mich, ob du das nur so sagst oder ob du weißt, dass es stimmt. Ich frage dich, ob du dir sicher bist, dass das alles einen Zusammenhang hat. Du schüttelst den Kopf. Ich denke dabei, dass es so viele Dinge gibt, an die ich noch nie gedacht habe. Also versuche ich, etwas zu denken, das noch nicht in mir vorhanden ist. Doch es macht Mühe und misslingt immerzu. Schließlich unterbrichst du meine inneren Anläufe und entscheidest, dass doch alle diese Feststellungen und Zahlen gleichgültig seien. *Es ist egal.* Sagst du. Ob es dort aus diesem oder jenem Grund billiger ist. *Das Wesentliche ist.* Sagst du. *Dass ich da nicht leben werde.* Und zwar nicht wegen der Gewaltverbrechen und weil es keine U-Bahn gibt, sondern weil dort die meisten Wohnungen noch Toiletten am Gang hätten. Und Toiletten am Gang, noch dazu mit anderen Menschen geteilt, das sei für dich eine Grenze. *Mit Zaun, Stacheldraht, Niemandslandstreifen, Selbstschussapparaturen.* Sagst du und legst die Fäuste auf den Tisch.

*

Ich denke, dass es an der Zeit ist, doch noch ein paar Wahrheiten zu beziffern. Ein paar Zahlen, die ich jetzt hier hinstellen kann, zwischen uns, um dich nicht lächerlich finden zu müssen. Fakten, an denen wir uns festhalten könnten, an denen entlang wir die Punkte zu Linien verbinden und uns daran weiterhanteln könnten. Denn selbst wenn es keine richtigen Zahlen gäbe, so wären auch die falschen Gegenpole gegen das Abdriften in unsere immer eigentlicher werdenden persönlichen Befindlichkeiten richtig. Unsere Befindlichkeiten, um die es doch gar nicht gehen darf. Die Ziffern beweisen es. Die Ziffern werden uns neu ins Bild setzen. Und so sage ich – und das weiß ich jetzt genau. *Zwei Komma sechs Milliarden.*

Was ist denn bei dir jetzt noch zwei Komma sechs Milliarden? Fragst du schroff und ich schlucke zweimal, weil ich jetzt noch zurück kann. Dann aber sage ich es. Spreche es aus, obwohl ich weiß, dass meine Zahlenkolonnen, die ich zu oft gegen dich ankämpfen lasse, wenn ich anders nicht mehr weiterzukommen glaube, fast immer mit gebrochenen Lanzen von dir zurückkommen. Ganz deutlich sage ich. *Zwei Komma sechs Milliarden Menschen haben keinen Zugang zu sanitären Einrichtungen und du beschwerst dich.*

Es ist, als würden wir beide in deinem Schweigen ertrinken. Ich schaue auf deine Hand, die mit dem Kugelschreiber eine immer größer werdende Spirale in die Mitte des Stadtplans zwischen uns zeichnet. Und schließlich sagt du doch. *Mach mir du keine Vorhaltungen.* Und dass es für niemanden dieser so und so vielen Milliarden etwas verbessere, wenn man mit einem Gangklo lebt, obwohl das eine ununterbrochene Grenzüberschreitung für einen darstellt.

*

Ich wiege den Kopf hin und her, als würde in meinem Gehirn eine Kugel herumrollen. Ich sehe sie vor mir, die Kugel, sie ist silbern und spiegelt die vom unnötigen Gedankenwälzen glatt geschliffenen Gehirngänge. Meine Zeigefinger bewegen sich wie die zwei Hebel eines Flipperautomaten bei der Vorstellung, dass die Kugel in meinem Kopf herumgewirbelt wird, automatisch mit. In meinem Kopf sind keine Punkte zu machen, die Kugel schlägt gegen keine Bahnen. Du schaust auf meine zwei Zeigefinger, die sich für dich wie zwei Scheibenwischer ohne Grund hin und her bewegen. Ich sage. *Ich stelle mir vor, dass in meinem Kopf eine Kugel dahinjagt.* Du schüttelst den Kopf und hast Durst.

*

Du hast recht. Egal, was ich denke, sage oder tue, es kann immer so oder so ausgelegt werden und darum bist du im Recht. Mit allem, was du gegen mich ins Feld führst. Dein Schlachtplan kann sich jederzeit auch gegen mich richten. Auch unabsichtlich. Ich weiß das. Ich wäre auch eines der Kinder gewesen, die zu behütet waren, um blaue Kaugummis zu bekommen. Dass das ewig zwischen uns stehen wird, weiß ich ebenso. Egal, wie sehr wir uns aus Notwendigkeit angleichen.

Wir müssen aufpassen. Wir auf uns und jeder auf sich. Jeder vor dem anderen. Wir müssen einander misstrauen. Und ich sehe sie. Die feine Grenze zwischen uns, die breiter wird, mit jedem Tag und jedem Brief. Mit jedem Feuer in der Salatschüssel. Wir schauen in die Flammen und ziehen uns voreinander zurück. Wir bauen Fronten auf, wenn der jeweils andere nicht hinsieht. Wir schotten uns ab in eine heimlich wuchernde Schutzblase, die, je mehr sie anschwillt, den Raum, in dem wir zusammen noch existieren können, kleiner werden lässt. Ich sage. *Wir können gar nicht umziehen. Wir können uns gar nicht verändern. Denn mit noch weniger treten sich unsere Bedürfnisse gegenseitig zu Tode.*

Es ist jetzt schon zu eng.

*

Du stellst mir ein Glas mit Leitungswasser hin. *Das können wir doch nicht mehr trinken.* Sage ich. Wir wissen doch jetzt aus den Briefen, dass Blei in den Leitungen ist, das getilgt werden muss. *Wenn nichts anderes da ist, kann man alles.* Sagst du.

Auch wenn es nichts ändert, stehe ich auf, nehme dein und mein Glas, trete an den Gasherd, zünde das Gas mit dem Feuerzeug an, die Flamme züngelt unter dem Topf und ich warte, bis das Wasser kocht. Dann drehe ich den Gashahn zu und gieße das Wasser in die Gläser zurück. Es dampft heiß über den Rand. Das billige Pressglas bekommt einen Riss. Das heiße Wasser rinnt erst langsam, dann stürzend aus dem kleinen Spalt, den die Hitze ins Material gesprengt hat. Das zweite Glas bleibt heil, ich trage es zum Tisch und stelle es vor dich hin.

Wir werden hier bleiben. Sage ich. Ich richte meine Augen auf die Tür und stelle mir vor, wie wir beide zusammen sie gegen die Eindringenden blockieren. Zuerst die kleinere, silberne Kette vorlegen. Dann die große bronzene. Danach den Balken. Und vor die Tür schieben wir den Kleiderschrank und das Bücherregal, das wir wohl zuerst ausräumen müssen, um es zur Tür zu bekommen, und dann wieder einräumen, um das Gewicht der Bücher zu nützen.

*

Du sagst, dass selbst wenn wir eine Wohnung fänden, die wir uns leisten könnten und selbst wenn es eine Wohnung mit Toilette am Gang wäre, mit der man sich dann irgendwie arrangieren müsste, so könnten wir ja doch nicht in einen dieser Bezirke. *Ich kann das nicht vor mir rechtfertigen*. Sagst du. Denn das Problem, dass wir uns den Ort, an dem wir wohnen, nicht mehr leisten können, verschleppen wir doch nur, wenn wir umziehen. Dann nehmen wir jemandem, der sich gerade noch das Wohnen an diesem billigeren Ort leisten kann, die Wohnung weg. Und wenn wir damit anfangen, in die günstigeren Regionen auszuweichen, dann werden es andere ebenso tun. *Und wohin gehen die dann, die jetzt schon da wohnen, wo keiner wohnen will?* Fragst du.

Ich schüttle die Frage ab. Ich will nicht, dass das auch noch mein Problem ist, als wäre ich nicht schon randvoll mit eigenen Sorgen und Grundrechenarten, die mir beweisen, dass sich mein Leben nicht mehr ausgehen wird. Eine Negativsumme darstellt, im Gesamten. Und ich sage, dass mir das gleichgültig sei, wohin dann der Strom der anderen ginge. Der gehe ja ohnehin. Zwangsläufig. Irgendwann.

Wohin? Fragst du noch einmal. Und ich antworte. *An den Rand eben.* Und du zeigst auf den Stadtplan, der zwischen uns vollgekritzelt auf dem Tisch liegt und willst wissen, wo dieser Rand stattfinden soll. Ich forsche nach einer freien Fläche, doch die Welt auf dem Plan ist durch vier Kanten begrenzt und mein suchender Finger deutet nirgendwohin.

*

Du schaust auf den dicken, roten, verwackelten Strich, den ich zwischen uns über den Stadtplan und die Tischplatte und einen Teil der Wand gezogen habe. Wie eine Argumentationslinie zieht sie sich durch das Zentrum der Stadt, über die Sehenswürdigkeiten hinweg, stadtauswärts, auf uns zu und ist bedrückend.

Auf einmal beginnst du zu lachen. Du lachst. Und lachst. Und lachst. Und dann lachst du auf einmal auf eine ganz unanständige Art. Hämisch und grausam. Du lachst mich aus. Du nimmst das Glas mit dem heißen Wasser und schüttest es mir ins Gesicht.

Erschrocken halte ich meine Hände vor den Kopf. Ich will aufschreien, vor Schmerz losbrüllen. Aber da merke ich, dass das Wasser schon etwas ausgekühlt ist und mich nicht mehr verbrühen kann.

*

Ich muss mit allem rechnen. Alles, was da ist, schreibe ich auf den Zettel mit den Zahlen und addiere noch einmal alles miteinander. Auch die Dinge, von denen ich nichts weiß, schreibe ich auf und mache Schätzungen. Einmal vermesse ich die Länge der Spirale, die du am Stadtplan hinterlassen hast und multipliziere die Summe mal tausend. Das Ergebnis lässt sich beliebig für alles einsetzen. In gedachte und gesprochene Vorwürfe. In Gesundheits- und Altersvorsorge. Ein andres Mal reiße ich einem Gänseblümchen alle Blütenblätter ab und dividiere die Gesamtzahl durch fünf Komma drei. Dieser Zahl teile ich zu, dass sie die Geburten- und Todesrate der nächsten zweitausend Jahre repräsentiert, oder die Inflationsrate. Ob es stimmt, ist ohnehin gleichgültig. Es kommt schon lange nicht mehr darauf an, ob eine Zahl bedeutet, was sie ist. Es ist egal, wofür sie steht. Denn jeden Augenblick werden überall die Zahlen unerbittlicher gegen die, die sie summieren.

*

Ich habe recht damit, dir nicht alles zu sagen. Denn du würdest es nicht ertragen können, dass ich schon lange weiß, wo wir stehen, weil ich alles, was uns ausmacht, schon längst aneinander addiert und diese Rechnung zu einem Experten getragen habe. Wenn ich dir erzählen würde, wie ich da saß, der Experte meine Additionen nachrechnend, weil ihm die Summe unmöglich niedrig erschienen war, und ich doch mit meiner Rechnung schlussendlich recht behalten hatte. Wenn ich dir erzählen würde, dass ich dort für einen Moment bereit war, aufzugeben. Als der Experte sagte, dass das da auf meiner Liste doch zum Leben zu wenig sei. Dass das unmöglich sei. Und ich sagte. *Ich bin doch aber am Leben.* Und der Experte griff irritiert mit beiden Händen gleichzeitig nach seinen vergoldeten Manschettenknöpfen, wie um sich seiner selbst zu vergewissern, und schaute noch einmal, fast schüchtern, auf die Zahlen.

*

Du stehst im dunklen Zimmer und hast schon auf mich gewartet, als ich die große weißlackierte Tür hinter mir zusperre. Du fragst, wozu ich die Teppichklopfstange brauche. Ich antworte nicht, sondern lehne sie an die Wand neben der Tür.

Besorgt machst du einen kleinen Schritt auf mich zu, bleibst dann aber doch wie versteinert in einigem

Abstand von mir stehen. Es komme dir vor, als verlöre ich langsam den Verstand. Sagst du. Du sagst, dass es die Zustände noch nicht rechtfertigen würden, dass ich mich so – du findest kein Wort. Und dann brüllst du grundlos. *ALS HÄTTEST DU NICHT MEHR ALLE TASSEN IM SCHRANK.*

Wahrscheinlich hast du recht, so wie immer. Ich werde, jetzt wo wir bald nur noch von der Zeit mehr als genug haben werden, eine gründliche Inventur unserer Existenz durchführen. Dass ich feststellen werde, dass alles weniger geworden ist, ganz ohne unsere Schuld, weiß ich jetzt schon. Ich weiß auch, dass die Tassen weniger geworden sind. Mit der Zeit. Denn die weiße mit den roten Herzen ist zerbrochen. Ebenso die blaue. Oder die mit dem Goldrand. Auch die Namenstassen sind weg. Und die Tasse mit dem Kaiser-Gesicht darauf, die noch von deiner Großmutter übrig geblieben war, gilt als verschollen.

*

Vielleicht willst du mich in den Arm nehmen. Vielleicht will auch ich dich in den Arm nehmen. Aber wir trauen uns nicht. Aus unserer Liebe ist eine Schicksalsgemeinschaft geworden und aus unserer Schicksalsgemeinschaft zwei Einzelschicksale. Zuerst hat uns die Liebe, dann haben uns die Umstände aneinander gebunden. Jetzt, wo man sich auch zu zweit kaum mehr über Wasser halten kann, greift das Außen nicht mehr.

Und so schauen wir uns an, um jemanden zu sehen, der wir auf keinen Fall werden wollen. In Wahrheit sind wir es schon längst. Wir haben dieselbe Adresse, wir löffeln dieselbe Suppe. Sogar die Zukunft haben wir uns immer gleich vorgestellt. Was wir uns jetzt darunter vorstellen, besprechen wir nicht. Wir schweigen und starren auf die Tischplatte vor uns. Jeder auf einen eigenen Punkt, die immer selben zwei Punkte.

*

Alle drei Sekunden verhungert jemand. Sage ich und du sagst, dass das ein geschmackloser Trost sei. Ich will antworten, dass ich es doch gar nicht so gemeint habe, erschrecke aber über mich selbst, dass ich zwar gedacht habe, es anders zu meinen, es aber in Wahrheit wohl doch irgendwie als Trost empfunden habe. Eilig, wie um mir selbst etwas damit zu beweisen, füge ich hinzu, dass jetzt, in diesem Moment, außerdem einundfünfzig Millionen Menschen auf der Flucht seien und dass das kein Trost sei, sondern eine Katastrophe.

Verächtlich schaust du von deinem Punkt auf der Tischplatte auf. Ich kann sehen, wie sich in dir die Grenze weiter verschiebt.

*

Ich stehe am offenen Fenster und höre irgendwo draußen ein Windspiel. Ich sehe, wie du aus der Haustür heraustrittst, einen Blick zu mir nach oben wirfst, dich abwendest und die Straße entlang gehst, an der Ecke in der nächsten Querstraße verschwindest. Das Windspiel schlägt seine Röhren aneinander, klackert und schwingt. Ich schließe das Fenster und krame im Bücherregal nach der Entspannungs-CD. Panflöten.

Bewegungslos liege ich auf dem Teppich in der Küche. Die Musik hat schon lange aufgehört und ich liege einfach so da, folge dem Strand, den die Stimme auf der CD heraufbeschworen hat, gehe immer weiter, setze Schritt vor Schritt im warmen Sand und hoffe darauf, irgendwann unvermittelt über den Rand meiner Vorstellungen zu kippen.

Als du wiederkommst, muss es für dich aussehen, als wäre ich tot. Ich höre, wie du in der Tür stehen bleibst, höre deinen Atem. Höre, wie du einen Augenblick mit dem Gedanken zu spielen scheinst, einfach wieder zu gehen, mich hier liegen zu lassen. Dich umzudrehen, wegzugehen. Fortzubleiben.

Alarmiert öffne ich die Augen, hebe den Kopf und sehe, dass du einen Karton voll weißem Spargel in den Armen hältst. *Beim Supermarkt aus dem Müll gerettet.* Sagst du und zwinkerst deinen komischen Blick weg, mit dem du mich die ganze Zeit angeschaut haben musst.

Du stellst die Schachtel auf den Tisch und ich stehe auf und sperre hinter dir zu. Zuerst drehe ich den

Schlüssel um, dann kommen die zwei Ketten. Zum Schluss der Riegel.

*

Draußen expandiert alles unaufhaltsam immer weiter. Drinnen ist es still.

Wir zersägen den Küchentisch und machen daraus ein kleines Feuer in der Spüle. Wir wärmen die Hände daran. Das Deckenlicht ist aus, die Digitalanzeige am Radio leuchtet nicht. Wir wärmen unsere Hände an den Flammen und zählen mit unseren heißen Fingern noch einmal alles auf.

Wir können so nicht leben. Oder arbeiten. Wir können so weder wohnen noch lieben. Nicht einmal essen können wir. Der Strom ist ausgeschaltet, Wasser und Gas abgedreht, das Breitbandinternet haben sie uns als Allererstes gekappt.

Jetzt sind wir unter uns. Sage ich. Du lachst komisch und erwiderst, dass für dich „uns“ ein längst zerdehnter Begriff ist. *Uns ist eine zerplatzte Blase.* Sagst du. Und ich weiß, dass du recht hast.

*

Alles geht uns aus, vor allem die Worte. Stumm stehen wir beide an verschiedenen Enden des Raumes, der uns nicht mehr gehört, der zu unserem Feind geworden ist, und ich schaue zur Eingangstür, vor der kein

Kleiderschrank und kein Bücherregal stehen. Ich lausche, warte auf ein stürmisches Klingeln, ein heftiges Klopfen, warte auf eine Störung von draußen, die noch ausbleibt.

Auf einmal muss ich lachen und sage. *Wenn uns jetzt jemand sehen könnte.*

*

Du spielst mit dem leeren Feuerzeug, das nur noch Funken wirft und irgendwann hebst du unvermittelt den Stadtplan vom Fußboden auf, knüllst ihn zusammen und wirfst ihn auf den Boden zurück. *In Spanien verlieren die Menschen ihr Eigentum an die Banken, verlieren das Dach über dem Kopf, müssen den Kredit aber weiterzahlen. Die werden Leibeigene des Systems.* Sagst du. *Weißt du, was Menschen dort machen?* Fragst du mich. Und ich weiß ganz genau, dass sich dort welche in ihren Wohnungen aus Verzweiflung mit Alkohol übergossen und angezündet haben.

Ich hebe den Plan auf und glätte das Papier. *So weit sind wir noch nicht.* Sage ich. Aber ich weiß nicht, ob ich damit noch recht habe.

Hunger

Silvia Pistotnig

Am Ende des Monats habe ich noch Geld für eine Packung Spaghetti, Billigmarke, 1 kg um 0,98 Euro. Sein Blick spiegelt Ignoranz, zumindest empfinde ich es so, als er mir seine Zähne entgegenschleudert, ein Gebiss als Synonym einer modernen, heilen und sauberen Welt. Klinisch rein, wie die Bank, in der er arbeitet. „Wenn das bei allen so wäre wie bei ihnen, hätten wir keine Probleme. Aber jetzt, wenn Griechenland wirklich nicht einlenkt, ich weiß nicht, was da noch alles passieren wird." Ich möchte ihn fragen, ob er in der Nacht seine Traurigkeit in ein Fass ohne Boden wirft, aus der sie nicht zurückkann, ich glaube, dass er sich nicht erträgt, seine Verklärtheit und Wichtigtuerei, seinen Small Talk, mit dem er die Kunden zum Anlegen überreden muss. Ist er wirklich das, was ich sehe, die bleckend weißen Zähne aus einem Gesicht, das keine Fragen mehr hat? Es geht mich nichts an.

„So, der Überziehungsrahmen ist noch geringfügig erhöht, mehr ist nicht drinnen, aber Sie wissen ja, so weit es in meiner Möglichkeit steht ... Sie haben also vor, Ihre Wohnung zu renovieren? Ich hab das vor zwei Jahren auch gemacht und ich sage Ihnen, das war so aufwändig. Wenn Sie langfristig mehr Geld benötigen, sollten wir vielleicht einen Kredit andenken, die Zinsen sind günstig.“ Während er spricht, bin ich in Gedanken aufgestanden, habe eingekauft, geschleppt, ausgepackt, mich in das Vergessen manövriert und den Überziehungsrahmen bis zum letzten Cent ausgenutzt.

„Hast du deine Millionen in Griechenland schon sichergestellt, Sascha?“, fragt Christian am nächsten Morgen im Büro. Seine Kaffeetasse ist so winzig, dass sie in seiner Hand verschwindet, manchmal stelle ich mir vor, dass er am Abend zum Zauberer wird und mit der Tasse Kunststücke in einem verrauchten Kellerlokal vollführt. Doch Christian hat kein zweites Ich, er ist immer ein strahlender, arbeitssüchtiger Mann, der aussieht wie ein Surferboy, selbst in der tiefsten schwarzen Nacht. „Ach was, ich investiere jetzt erst recht“, erwidert Sascha und es folgt mattes Männerlachen.

Sobald schlechte Scherze gemacht werden, ist es schlimm, richtig schlimm, der Sarkasmus ist die letzte Waffe, um mit der Überforderung umzugehen, das Mitgefühl reicht nicht mehr aus, wie sollen wir es gerecht verteilen in einer Welt, in der das Meer die Hoffnungslosen nur noch als Tote ausspuckt und daneben sonnenbraune Erholungssuchende dem Burnout davonschwimmen möchten. Und die Maturanten, natürlich, unsere Maturanten. Im Meer ist genug Platz für alle. „Vielleicht sollten wir Ibiza streichen. Ios ist jetzt sicher günstig zu haben", meint Sascha. Christan zuckt mit den Schultern. „Aber wenn nichts funktioniert, wird es am Ende nur teurer." Er nippt an der Tasse. „Was hast du im Urlaub vor?", fragt er mich. „Last Minute, Griechenland." Wohlwollendes, anerkennendes Gelächter, wäre ich ein Mann, würden sie mir auf die Schultern klopfen.

Es sind die letzten Wochen, bevor die ersten Flüge starten. Die Tage sind lang. Die Anspannung, der Druck. „Die Konkurrenz wird immer größer, es darf nichts schiefgehen", wiederholt Christian, Tag für Tag, es ist sein Mantra. Mir zittern die Hände. Es wird fünf Floors geben, eine Chill out Area, eine Spa-Zone und ja, klar, Alkohol, auch wenn es keine Werbung mehr dafür geben wird. Wenn wir am Abend das Büro verlassen, haben die Geschäfte bereits geschlossen. Das ist schlimm, richtig schlimm. Am Mittwoch kehre ich nach einem Meeting in der Brauerei nicht mehr zurück ins Büro. Mein Einkaufswagen ist so vollgefüllt, dass ich mit dem Auto fahren muss. Ich bezahle 243,80 Euro. Einkaufen, aufladen, schleppen, vergessen.

Mutters Anruf stört mich in meiner Trance, aber ich muss mit ihr sprechen und sie um Geld bitten, ja, warum nicht, es ist ja nichts dabei, sie ist doch meine Mutter. „Und, wie viele sind es diesmal?", fragt sie. „Was?" – „Teilnehmer. Wie viele sind heuer dabei?" – „4.000." – „Unglaublich, dass das wirklich so viele anzieht. Aber gut, wichtig ist, dass nichts passiert." Ich gähne. Mutter ist ermüdend. „Gestern haben wir im

Radio gehört, dass in Schulen nicht mehr so aggressiv geworben werden darf, hast du es mitbekommen?" – „Nein." Es interessiert mich nicht, nichts was meine Mutter sagt, interessiert mich.

Sie hasst mich nicht, sie verachtet mich nur. Aber das ist in Ordnung, das tue ich auch. Wie soll man als Tochter eines Gynäkologen und einer Psychotherapeutin auch nicht verachtenswert und, im Gegenzug, nicht verachtend werden? Selbstverständlich verachte ich mich selbst am meisten. Und nein, ich liebe mich nicht. – „Finde ich gut", sagt sie und ich habe das Thema schon lang vergessen. „Mhm." – „Musst du diesmal mitfahren?" – „Eine Woche, ja." – „Dass du das aushältst. Dieser Wirbel. Tausende besoffene Maturanten, es ist schon traurig irgendwie." Ich sage nichts. Meine Mutter hat sich eine Künstlerin gewünscht, mein Vater eine Ärztin. Für Ersteres war ich nicht talentiert, für Zweiteres nicht fleißig genug. „Was fühlst du eigentlich, wenn du daran denkst?", will sie wissen und ich lege auf. Rund 4.000 Maturanten werden drei Wochen lang feiern und dafür sorgen, dass Geld auf mein Konto kommt. Ich fühle nichts. Ich esse, ich kotze. Mehr ist da nicht.

Mama weiß nicht, dass ich Bulimikerin bin. Ist das nicht lustig? Das ist wie die Englischlehrerin, deren Kind Nachhilfe in Englisch braucht. Ach Mama, du hast doch alles versucht. Doch meine Therapeutinnen sind die Merkur Friends und das Spar Gutscheinheft, Hofer und der Billa Vorteilsclub. Mit 19 habe ich damit begonnen, nur um herauszufinden, wann sie es endlich herausfinden wird. Jetzt bin ich 30. Bulimie passt wie ein perfektes Outfit zu mir, ich bin immer hungrig und finde mich zum Kotzen, cool, was? Ich habe ein richtiges Loch im Bauch, aber satt wurde und werde ich nie.

Wobei Bulimie der Oldtimer unter den Essstörungen ist. Katzenfutter essen aus lauter Fresswut? Gähn! Ein bisschen ekelig, aber sonst doch nur noch öde. Wer hip ist, isst anders, raw vegan, kein Gluten, laktosefrei, Low Carb, nur Eiweiß und nicht mehr auf Urlaub fahren, weil der Ernährungsplan in Peru, Kalifornien, Südafrika oder weiß der Kuckuck, wo der Trip hingehen sollte, nicht funktioniert. Das sind Essstörungen aus billigen Weibermagazinen, die noch nicht mal als solche gelten. Ich mag es klassisch. Fressen, fressen, fressen, raus damit. Dass einen so ein Leben in den Ruin treibt, habe ich gar nicht bedacht. Ich sitze in der Dachgeschosswohnung, die meine Eltern mir bereits vererbt haben und lecke warme Nussnougatcreme vom beheizten Marmorfußboden. Die Nussnougatcreme hat 800 Gramm, sie ist hellbraun und kostet 2,89 Euro. Ich lecke ihrer feinen Spur hinterher, kein noch so dünner Faden entgeht meiner Zunge, von einer Fliese über die nächste breitet sie sich aus, doch ich bin schnell, mein Mund berührt den Boden und so sauge ich, sauge ich auf, noch schneller, noch mehr, warte ich nicht mehr ab, das Schmelzen, wozu schmelzen, wozu warten, in meinen Mund, hinunter, schneller, mehr, in mich, in mir, noch, bitte, bitte, nicht vorbei, noch eine kleine Nougatlache, noch eine, in den Mund, schnell hinunter, aus.

Meine Karies hat der Zahnarzt im Griff und es gibt unterschiedliche Methoden, wie das Erbrechen leichter fällt und der Rachenraum nicht zu stark verätzt. Google hilft beim Suchen, Bulimie ist global, in Brasilien kotzt es sich genauso fein wie bei uns, die weiße Schicht speibt alles raus, während die anderen nichts zu fressen haben, ist das nun Sarkasmus oder einfach nur traurige Wahrheit? Wer Geld hat, hat die (Ohn)macht.

Der nächste Tag ist wie der davor und der davor und der davor. Nur meine Fress-Brechattacken verlagern sich von 20 Uhr auf Mitternacht, auf vier Uhr oder zwei Uhr früh, dafür ist es nie spät genug, ich verfresse die 243,84 Euro an drei Abenden, so wenig gebe ich selten aus.

Am Freitag sitzen wir auf der Terrasse, die Sonne verschwindet hinter dem Dächerdschungel und lässt nichts zurück außer zwei Frauen und ein Essensgebirge, schwindelerregende Pfade aus Pasta, schlammige Abgründe aus Nougatcreme, Türme aus Stelzen, fettigem Schweinsbraten und strahlend weiße Gletscher aus Schlagobers, sie sich ausbreiten, nach unten zerfließen, auf den Fleischtürmen ihren Weg bahnen, an deren Rand säumen Schokokekse und Riegel den Weg, all das mündet in einer Schlucht aus Gebäck, Torten und Billigkuchen, alles fließt zu einer wunderschönen Einheit und hier, in diesem Krater, rasten zwei Gipfelstürmerinnen und kosten ihre Eroberung aus, laben sich, bis jede Quelle versiegt, alle Wege verschwunden und kein Gipfel mehr zu sehen ist.

Ich kotze 412,45 Euro in das Klo, wobei, nein, es ist nur die Hälfte, den Rest hat sich Nicole einverleibt, immerhin, ihr Körper gibt es nicht mehr her. Es ist halb zwei Uhr nachts, „irgendwann“, sagt Nicole, „werde ich mich revanchieren.“ Sie ist die einzige, die ich um Geld bitten würde, sie, die selber nichts hat, in einer Einzimmerwohnung haust und das geringe Gehalt einer Sekretärin in ihre Einkäufe steckt. In ihrer Wohnung ist nur eine Matratze, der einzige Luxus, den sie noch hat.

Ich glaube nicht an Schicksal, doch dass Nicole und ich uns getroffen haben, kann kein Zufall gewesen sein. Im Hofer rammten wir unsere vollbeladenen Einkaufswägen gegeneinander, so konzentriert waren wir. Sie sah meinen Wageninhalt an, dann mich, „Sie kotzen es wohl wieder raus“, meinte sie, „bei mir bleibt alles drin.“ Sie streckte mir eine winzige Hand entgegen, an der Finger wie Würstchen hingen. „Nicole, Hofer, wie Aldi.“ Ich lachte. Nicole, Mitte 40, fettsüchtig, ein schwitzender Klumpen mit Pagenkopf und der einzige Mensch, den ich kompromisslos liebe. Eine Träumerin ist sie, wie ich, und dabei genauso erfolglos.

Wie sie meine Bilder liebe ich ihre Geschichten; ihre Worte, klassisch und altmodisch rühren mich, zu lachen, zu weinen. Und wie meine Bilder sind ihre Geschichten zu konventionell, zu langweilig und viel zu gewöhnlich. „Wir sind“, sagt sie, „wie unsere

Kunst. Wie soll aus einer Nicole eine Literatin werden? Ich habe nicht altgriechisch studiert, mein Gesicht ist nicht das einer verträumten Puppe, ich bin fett, Tochter zweier Angestellten in einem ländlichen Mittelstandunternehmen, und selbst arbeite ich als Sekretärin in einem Pensionistenheim. Schau dich doch um, der Bachmann-Preis, die reinste Hipster Modenschau. Die Kunst ist viel schlimmer als die Wirtschaft, die ist zumindest ehrlich böse und versteckt sich nicht hinter intellektuellem Gehabe, aber die Kunst ist arrogant und chauvinistisch, ohne es zuzugeben. Was ist denn der Unterschied, ob du die Leipziger Buchmesse oder eine Maturareise organisierst? Worum geht es denn den Besuchern der Public Viewing Lesungen, um die Literatur oder das Event?“ Sie trinkt den letzten Schluck Cola, das in unserem Wahn noch übrig geblieben ist und lacht. *„Ich werde eine Geschichte schreiben über uns für einen Literaturwettbewerb zum Thema Geld und Gier, wer, wenn nicht wir, sind dafür die idealen Protagonistinnen? Aber sie werden meine Biografie lesen und mich ablehnen, wie sie es immer tun, sobald sie wissen, wer ich bin.“ – „Na und?“, entgegne ich, „was hätten wir auch schon davon? Was könnten wir uns kaufen, wenn du gewinnst? Wie viele Nächte wie heute gingen sich davon aus? Das Essen wird immer teurer, was sollen wir mit einem dummen Wettbewerb?“ Nicole nickt, „du hast Recht“, sagt sie, „wir sollten eine Reality Show mit uns andenken, vielleicht bekommen wir damit unsere Mägen voll.“*

Ich hole meinen Block und sie zieht sich aus, rekelt sich auf der Rattanlounge, die ich verkaufen werde, für Käsekrainer, Fertigpizza und Nougatknödel. Meine Striche sind präzise und mit der Kreide male ich Rundungen eines Körpers, den die Modeindustrie als hässlich einstufen würde. Ihr Akt füllt das Papier aus, so viel hat sie an sich, das noch hinauf will, was gibt es Schöneres, als diese üppige Pracht? Nebenbei träumen wir von Geld und was wir damit alles kaufen würden, Schokolade aus Holland und T-Bone-Steak aus Argentinien, „wäre schade drum", meint Nicole am Ende, „uns schmeckt doch alles gleich und es ist nie genug." Ich gebe ihr das Bild, sie betrachtet es lang und lächelt. „Du hast mich schlanker gezeichnet", sagt sie.

Ihr Körper ist der einzige, der neben meinem Modell für meine Bilder gestanden ist. Meine klaren und detaillierten Akte, die Bilder der nackten Wahrheit, die doch nichts mit uns gemein haben. Ich habe mich detalliert gezeichnet, jedes noch so winzige Gramm ist in meinen Bildern verewigt, eine Biografie meines Körpers, Monat für Monat festgehalten. Wunderschön, mehr kann ich dazu nicht sagen. Klassisch, konventionell, langweilig, gewöhnlich. An der Akademie wurde ich abgelehnt.

Am nächsten Tag gehe ich direkt in Christians Büro, der braungebräunte Surfertyp, der auf Konventionen pfeift, von Work-Life-Balance, Chancengleichheit und Frauenförderung redet, aber in seiner Firma gibt es neben zehn Frauen zwei Männer und es ist müßig zu raten, wer die Chefs sind.

Wir sind alle schlank und teuer angezogen. Ich stelle mir vor, dass Nicole an meiner Stelle die Tür zu seinem Büro öffnet, ihren wogenden Körper auf den Stuhl ihm gegenüber wuchtet und ihn mit den kleinen Kulleraugen anstarrt. Sie hat recht, in dieser Welt hat sie keine Chance, nicht einmal, um Maturareisen zu organisieren.

„Du weißt doch, es ist schwierig, die Konkurrenz." Er streicht mit der flachen Hand auf seinem in Leder gehüllten iPad herum, auf seinem Schreibtisch steht ein Foto von seiner Frau und seiner dreijährigen Tochter, doch seine wahre Liebe streichelt er nun sanft mit seinen Händen. „Wir müssen alle sparen, die Wirtschaft, das weißt du ja, es ist nicht leicht, wir haben viel weniger Sponsoren dieses Jahr und die Kids haben nicht mehr so viel Geld, das merken wir." – „Ich arbeite seit fünf Jahren hier", versuche ich, und ein halbes davon haben wir miteinander gevögelt, aber das sage ich nicht, das denke ich nur, es war so unwichtig, wie das Bild seiner Frau und seines Kindes. „Doris ist schon acht hier und sie verdient genauso viel wie du", erwidert er und seufzt. „Das mit der Griechenland-Krise, das trifft uns alle irgendwie, keiner investiert, alle sind nervös, du weißt ja, wie das ist." Deine blauen Augen, Christian, sie versprechen den Himmel und bringen doch nur schwarze Wolken. Ich versuche mich zu erinnern, wie er mich berührt hat, aber das kann ich nicht, ich habe nichts gefühlt und bin mir sicher: Ihm ging es ebenso. Unser Hunger lässt sich nicht durch Sex stillen und genauso ist er auch gewesen. Klassisch, konventionell, langweilig, gewöhnlich. Ach süßer, hungriger Christian, gefangen in der Arbeitssucht, hat dir niemand gesagt, dass viel arbeiten sowas von 80er ist? Die Tausenden Euro auf seinem Konto und nie ist es genug. Was seine Frau wohl tut? Ob seine Tochter stolz auf ihren Papa ist? Geben Kinder Sinn?

Wann hatte er die Zeit, neben all seinen Liebschaften und seiner Arbeitssucht, auch noch ein Kind zu zeugen? Weiß er, was ihr Lieblingslied ist? Kennt er den Namen ihrer unsichtbaren Freunde? Fragt er sich, warum sie traurig scheint und trotzdem lacht? Ich erinnere mich an meinen Vater, als er an meinem Bett saß und meinte, er wäre so gern bei mir, wenn er doch nur mehr Zeit hätte, er hat sie nie gehabt und jetzt lege ich keinen Wert mehr darauf, ich kann sein Geld brauchen, das ist aber auch schon alles. Als Kind betrachtete ich ihn als einen Gott in Weiß und jetzt muss ich immer daran denken, wie vielen Frauen er bereits zwischen die Beine geschaut hat. Dass er nur eine Psychotherapeutin heiraten konnte, steht für mich fest.

„Ich kann dir eine Jahreskarte anbieten, mehr geht sich diesmal echt nicht aus, tut mir leid. Du weißt, du bist die erste, an die ich denke. Wenn es wieder aufwärts geht, bist du unter den Fixstarterinnen für eine saftige Erhöhung, okay? Ich verspreche es dir, nächstes Jahr wird es besser, ganz bestimmt.“ Wie soll ich eine Jahreskarte essen?

So gehe ich aus dem Büro, um keinen Cent reicher, direkt auf die Toilette, kotze ich aus, was noch in mir ist. Ich kann stolz darauf sein, meint Nicole, wie virtuos ich die Klangwelten meiner Speiberei verheimliche, kein Geruch, nichts bleibt übrig, ich bin eine Perfektionistin des Kotzens, aber wie soll ich damit Geld verdienen?

Am Abend kaufe ich mit dem wenigen Geld ein, das noch übrig ist. Die Taschen sind schwer und vollgepackt, dennoch, ich rufe Nicole an, ich sage ihr, dass ich sie nicht mehr einladen werde, ich kann nicht mehr mit ihr teilen und sie sagt „wenn ich wählen müsste zwischen dir und einem Schweinsbraten mit Knödel würde ich auch den Braten wählen."

Und dann beginne ich zu fressen, die Tiefkühlpizza, das Baguette, die Nougatknödel, sprühsahne, cola kekse schnittenoberskren eingelegtewürstchenthunfischinölgulaschausderdosesahnecrememilchreisweißbrotmilchreisbrezenkaramellbonbonbohneneintopfschokopuddingeierspätzleblätterteigtaschenschafskäse

Aus.

Alles wieder heraus, jeder Cent, 172,56 Euro, zweimal spülen, danke, tschüss.

Es ist nichts mehr übrig. In der Arbeit bin ich unkonzentriert, ich vergesse, die Airline noch einmal wegen der Menüs zu erinnern, verwechsle die Ankunft zweier Gruppen aus unterschiedlichen Bundesländern. Ich erzähle einer Kollegin, dass meine Bankomatkarte kaputt ist und ich deshalb so verwirrt bin. Sie leiht mir 100 Euro, gib sie mir zurück, wenn sie wieder funktioniert, sagt sie und ich weiß nicht, wann das sein soll.

Am nächsten Tag erwache ich schweißgebadet. Meine Hände zittern, meine Wangen sind heiß, ich wasche mein Gesicht vor dem Spiegel auf der Toilette mit eiskaltem Wasser, wieder und wieder, doch mein Gesicht bleibt ein glühender Kegel. In der Mittagspause rufe ich meine Mutter an. Ich sage ihr, dass etwas bei der Buchhaltung nicht geklappt hat und ich mein Gehalt noch nicht bekommen habe. Sie verstellt ihre Stimme nicht, es klingt nach Genugtuung, nach Schadenfreude sogar. „Du brauchst doch gar nicht lang zu fragen, natürlich überweise ich dir Geld, reichen dir 500 Euro fürs Erste?" Und ich sage „ja" und träume von den Einkäufen, die ich damit machen werde.

Am Morgen renne ich zum Bankomaten, doch er gibt nichts her, ich rufe meine Mutter an, sie sagt, sie wird es erst heute überweisen. Ich lege auf, lösche ihren Kontakt und versuche meine Hände ruhig zu halten. Die Arbeit zieht vorüber wie ein grauer Nebel.

In der Nacht durchsuche ich die ganze Wohnung, irgendwo müssen noch Münzen sein, ein bisschen Bargeld, um bei McDonald's Mozarella Sticks, Grand Royal Bacon Cheese, Chicken McNuggets, Apfeltasche, McSundae und McFlurry Kit Kat zu kaufen, ich suche, unter Matratzen und in Vasen, doch nirgends ist etwas zu entdecken. Nicole ist nicht erreichbar und was macht es auch für Sinn, die zu fragen, die ohnehin nichts haben. Vielleicht sollte ich zu einem Brunnen rennen im ersten Bezirk und nach Münzen suchen, aber was, wenn niemand mehr welche wirft?

Ich versuche mich abzulenken, sehe fern, höre Radio und arbeite. Vor meinen Augen sehe ich Kardinalschnitten und Burger statt der Namen der Teilnehmer.

Ich suche noch einmal, diesmal auch in den kleinsten Schälchen, hinter Schränken, in Laden und dann, tatsächlich, in einem winzig kleinen, alten und verstaubten Schmuckkästchen meiner Mutter, ein Schein, abgegriffen und angegraut, ein Hunderterschein, darauf das Bild eines Mannes im Profil mit einem Helm auf dem Kopf, die Nase lang, Ekaton, steht darauf. 100 Drachmen, übrig geblieben aus einem Urlaub meiner Eltern vor mehr als 15 Jahren, vergessen in einer Schmuckschatulle, in die ich meine letzte Hoffnung gelegt habe und jetzt, jetzt, Griechenland, sind wir zwei, die nichts mehr davon haben.

Langsam und ohne zu zittern nehme ich den Schein, falte ihn exakt in der Mitte zusammen und reiße mit meinen Zähnen ein kleines Eck hinein, kaue bedächtig und schließe dabei die Augen, ganz klassisch und nach langem und ausgiebigen Schmecken des Geldes schlucke ich das Stück hinunter und schnappe nach dem nächsten und dem nächsten und dem nächsten, bis der Schein durch meine Speiseröhre in den Magen gelangt ist.

Ich brauche nichts auszukotzen, es ist nichts wert und mir fällt, wie zum Hohn, dieser Spruch ein: „Erst wenn der letzte Baum gerodet, der letzte Fluss vergiftet, der letzte Fisch gefangen ist, werdet Ihr merken, dass man Geld nicht essen kann."

Riesin

Susanne Gregor

Sie nannten mich Riesin. Ich hätte mich zum falschen Zeitpunkt neben ihn gesetzt. Er war nicht darauf gefasst gewesen. Seine Frau war doch erst letztes Jahr gestorben und ihre Kleidung stand noch in einem Karton in seinem Keller. Nur ihre Lieblingskleider, sagte er. Ein paar Erinnerungen. Zuerst fiel mir sein Anzug auf, seine Krawatte, mit rosa Wolken darauf. Dann seine Haare, die sich an den Schläfen leicht kringelten, und seine Hände, natürlich. Ich nahm mein Glas und setzte mich zu ihm, als seine Freunde kurz verschwanden, lehnte mich vor und sagte etwas. Er hat mich nicht weggeschickt. Auch später hat er mich lange nicht weggeschickt.

Gleich in der ersten Nacht brach es aus ihm heraus. Er fiel von mir ab und drückte sich schluchzend in den Polster. Ich streichelte nichtsahnend seinen Rücken, bis er einschlief. Später dachte ich, dass das ein Vorzeichen gewesen ist. Aber sowas lässt sich später leicht sagen. Er tat mir leid.

Noch nie habe ich so viel Platz in einer Wohnung gesehen. Ich dachte, ich würde mich darin verirren.

Ich rief nach ihm, um ihn zu finden. Ich folgte seiner Stimme. Er machte uns Kaffee und wir tranken ihn, am Fenster stehend, mit Blick auf den Fluss. Später wusch er unsere Tassen und ließ sie abtropfen. Und dann, als ich am Boden saß und meine Schuhe schnürte, reichte er mir den Schlüssel.

Er lag ein paar Tage in meiner Handtasche. Ich schob ihn von Seite zu Seite, wenn ich nach etwas suchte, immer sein Gesicht im Kopf. Fast konnte ich nicht glauben, dass es so einfach war. Dass es jemanden gab, den meine Größe nicht störte. Wie viele Männer haben dir schon ihre Schlüssel angeboten, fragte Ralf und sah vom Kopierer auf. Die Brille saß schief auf seiner Nase. Du solltest zugreifen, solange das Angebot steht, sagte er und richtete sie gerade.

Um halb acht, mehr oder weniger, ging das Licht an. Um dreiviertel zog er die Vorhänge zu. Dann ging er in der Küche. Ab Viertel über zehn blieb nur noch im Schlafzimmer ein kleines Licht an. Ich sah es von unten, drei Tage in Folge, während die Sträucher mich in den Rücken stachen.

Als ich die Stiege hinaufging, grüßten mich seine Nachbarn. Als wohnte ich schon immer hier. Und dann passte der Schlüssel nicht. Er passte einfach nicht ins Schloss. Ich sah noch einmal auf das Namensschild, dann auf den Schlüssel. Ich bekam ihn nicht rein. Er kam erst um halb elf. Was machst du hier, fragte er, als das Licht anging. Ich hob den Schlüssel hoch. Du musst dich geirrt haben. Warum, fragte er und nahm ihn mir aus der Hand. Er passte ganz leicht ins Schloss.

Er ließ die Socken an, auch sein Hemd. Ich wartete gespannt auf seine Schluchzer. Aber er schlief einfach ein. Nachts ging ich mir ihre Bilder ansehen. Sie standen auf der Kommode im Wohnzimmer und in der Küche. Immer fielen ihr die Haare in die Augen. Ihr Blick ging irgendwohin, hinter die Kamera. Er stand neben ihr und hielt sich wie ein Kind an ihr fest.

Ich ging von einem Raum in den nächsten, bis ich sie alle im Dunkeln durchlaufen konnte. Das Badezimmer war größer als mein Wohnzimmer. Und die Wanne erst. Ich nahm ein Bad und starrte auf die Wasserhähne. Kleine goldene Statuen, aus denen Wasser floss. Dann drehte ich sie mit meinen Zehen ab und lehnte mich zurück. Da sah ich den Spiegel an der Decke. Einmal sah ich nicht zu groß aus. Alles passte, endlich.

Es sei alles ganz leicht, sagte er, wenn man es sich merken wolle. Die Kaffeefilter lagen in der Schublade rechts unten. Den Satz entferne man sofort, wenn er noch warm ist. Dann ließe man die Tassen abtropfen. So. Mein Blick wanderte immer wieder zu ihren Fotos. Hörst du mir überhaupt zu. Ich nickte. Neben ihr sah er anders aus. Als säße sein Gesicht richtig. Ich habe ihn nie so gesehen.

Er hatte ein Leben vor dir, na und, sagte Ralf. Sei froh. Besser als so ein unerfahrenes Ding. Und denk an deine Größe. Mit sowas kann nicht jeder. Zumindest nicht die, die du dir aussuchst. Seine Finger flogen über die Tasten des Kopierers. Er trägt einen Anzug, ja, wollte er wissen. Wenn du es geschickt anstellst, musst du vielleicht nicht mehr lange vor dem Kopierer stehen. Ich werde dich vermissen.

Meine Schuhe waren viel größer als die seinen, neben den seinen sahen sie lächerlich aus. Ich stellte die meinen weiter weg, auf die andere Seite des Flurs. Zunächst brachte ich nur ein paar. Ich wollte ihn nicht erschrecken. Und dann schlug er es vor. Komm doch öfter, sagte er und drehte den Herd auf. Er kochte gern. Ich wollte glauben, er kochte gern für mich. Aber es war ihm egal, wenn es mir nicht schmeckte. Ist doch gut, sagte er. Und aß auch meine Portion. Ich machte den Abwasch.

Ich hatte mir die genauen Abläufe nicht gemerkt. Welcher Kaffee für die Arbeitstage war und welcher für das Wochenende. Du sollst doch die Tassen nicht abtrocknen, mahnte er mich. Es soll abtropfen. Er wusch es noch einmal. Dann erklärte er mir alles noch einmal. Du bist wirklich ungeschickt, sagte er und versuchte, es mit einem Lächeln wieder gut zu machen. Später sagte er es ohne Lächeln. Aber er schickte mich nicht weg.

Ich erkannte ihn nicht gleich wieder. Erst als er mir die Hand reichte, und sich vorstellte, ich bin Bernd, ein Freund von Leo, weißt du noch. Dann wusste ich es wieder. Er hatte neben ihm gesessen, bevor ich mich zu ihm gesetzt hatte. Dann hatte er uns von der Bar beobachtet. Gib acht, sagte er, er ist ein Wrack. Ich habe alles miterlebt, er ist nicht mehr derselbe. Und dabei schüttelte er den Kopf. Derselbe wie wer, fragte ich. Du wirst schon sehen, sagte sein Blick.

Endlich habe ich es mir gemerkt. Er sah mir beim Abwasch zu. Du hast es richtig gemacht. Siehst du, ist doch ganz einfach, sagte er. Dann küsste er mich und zog mich auf den Boden, gleich dort in der Küche. Ich brachte mehr Schuhe mit, ein paar T-Shirts und ein Buch. Er wollte, dass ich auch lese, wenn er las. Wir lasen bis spät in die Nacht.

Erst dann erfuhr ich von dem Jungen. Er hielt ihn an der Hand, als sie durch die Tür kamen. Seine Haare fielen ihm in die Augen, so wie ihr. Er wohnt bei ihren Eltern, sagte er. Ich habe einfach keine Zeit für ihn. Der Junge kratzte sich überall. Sein Ausschlag, sagte Leo. Seit sie gestorben ist, geht das so. Wir gingen ins Kino, dann Eis essen.

Zieh das doch an, sagte er abends. Ich zog den Stoff auseinander, es war ein Kleid. Ist doch viel zu klein für mich, sagte ich, das siehst du doch. Nur mal ausprobieren, bat er. Ich zog es mir über den Kopf, und bekam fast keine Luft. Der Rock bedeckte kaum meinen Hintern. Er warf sich auf mich, und sah uns dabei im Spiegel zu. Da erst erkannte ich es. Sie trug es auf einem der Bilder. Ich schubste ihn von mir. Du bist krank, sagte ich. Du bist krank. Er schnaufte und lachte ein bisschen. Dann stand ich eine Weile am Fenster. Es fiel mir nicht leicht, zu gehen.

Ich packte meine Sachen, noch bevor er aufwachte. Auf meinen Schuhen lag ein Umschlag. Ich setzte mich auf den Boden und öffnete ihn. Es lagen fünf Hunderter darin, mit der Zahl in dieselbe Richtung geschlichtet. Ich öffnete leise die Schlafzimmertür und sah ihm eine Weile beim Schlafen zu. Dann legte ich den Umschlag zurück und packte meine Schuhe ein. Erst im Flur blieb ich stehen. Dann ging ich zurück und nahm den Umschlag mit.

Verlass ihn nicht, sagte Ralf. Da hast du eine Möglichkeit, aus diesem Drecksloch hier rauszukommen. Ich würde mich freuen, wenn mich jemand für ein bisschen Spaß bezahlt. Und du magst ihn doch, nicht wahr. Ich schüttelte den Kopf. Sowas mache ich nicht, sagte ich. Du kennst mich doch, oder nicht. So eine bin ich nicht. Dann holte ich das Geld aus der Tasche. Ich lade dich zum Essen ein, und dann gehen wir shoppen.

Ich kaufte neue Schuhe und zwei Kleider. Dann saßen wir auf einer Terrasse. Ich hatte meine Füße auf einem Hocker ausgestreckt und starrte auf meine Zehen. Ich dachte an seine Badewanne und die goldenen Statuen. Ralf stand mit einem Glas Wein am Geländer. Von hier aus sieht man die ganze Stadt, schrie er. Er schrie es den Fußgängern hinunter. Der Kellner ermahnte ihn. Später ging ich zur Pediküre.

Ich hatte vergessen, wie klein meine Wohnung war. Abends wusch ich meine Tasse ab, so wie er es gern hatte, ohne dass es mir auffiel. Nachts wurde ich mehrmals wach, auf der Suche nach ihm. Auf dem Weg zur Toilette krachte ich gegen die Wand. Ich nahm ein Bad. Das Telefon klingelte, aber ich hob nicht ab. Vor ihm hatte ich doch auch gelebt. Ich würde mich schon gewöhnen, dachte ich.

In der Früh las ich seine Nachrichten. Heb doch ab, schrieb er. Ich liebe dich. Ich ließ sie unbeantwortet. Du bist verrückt, sagte Ralf. So eine bin ich nicht, sagte ich, vergiss es. Wenn dir das Kopieren lieber ist, bitte. Wir sind doch alle Huren, irgendwie. Du könntest es besser haben, als das hier. Er zeigte auf den Kopierer. Was geht dich das überhaupt an, sagte ich. Klar geht es mich was an, sagte er. Du gehst mich doch was an. Wenigstens einer von uns zwei könnte es gut haben, oder nicht.

Abends saß Leo auf der Treppe vor meiner Tür. Mir geht es nicht besonders, sagte er und stand auf. Er stützte sich am Geländer ab und stolperte in meine Wohnung, als ich aufsperrte. Er sah sich um. Dann sah er mich an. Komm zurück, sagte er. Er setzte sich auf den Boden und begann, seine Schuhe auszuziehen. Du hast getrunken, sagte ich. Was spielt das für eine Rolle, sagte er. Ich ließ ihn auf der Couch schlafen. In der Früh hatte er Rückenschmerzen.

Dann begann er, meine Sachen zu packen. Er warf ein paar Hosen und T-Shirts in eine Reisetasche. Lass die Spielchen, sagte er, und komm zurück. Ich stellte mich vor die Tür. Er blieb vor mir stehen, mit dunklen Augenringen. Seine Locken standen wirr in alle Richtungen ab. Er atmete mir ins Gesicht. Wie viel willst du, sagte er. Das Dreifache von meinem Lohn, sagte ich. Gut, sagte er, dann gehen wir.

Seine Wohnung sah nun anders aus, obwohl alles an der gleichen Stelle stand wie vorher. Kein Bild war verrückt, keine Tasse falsch abgetrocknet. Ich hatte mich an die Größe der Wohnung gewöhnt. Ich stellte meine Schuhe ab, wo sie immer gestanden hatten. Sie sahen nicht mehr lächerlich aus. Ich stellte meine Zahnbürste in den Becher und sah in den Spiegel. Hatte ich abgenommen. Oder warum sah ich anders aus. Ich ging in die Küche und öffnete die Fenster. Mir war, als atmete ich zum ersten Mal.

Wozu all die Sachen, sagte er kopfschüttelnd. Dabei hat er sie selbst gepackt. Ich kauf dir neue. Wir trugen sie in einem Karton zum Müll. Ich versuchte ein paar meiner Hosen herauszuziehen. Die brauchst du nicht, sagte er, eine reicht. Zu viel Zeug ist nicht gut, sagte er. Dann zeigte er mir meine leere Hälfte des Schranks. Und ein paar Schubladen. Ich kauf dir was Schönes, sagte er. Ich lass dir was nähen. Keine Sorge.

Ich war gerade mit dem Abwasch fertig, da stand er in der Tür. Hallo Riesin, sagte er. Ich wusste nicht, dass du einen Schlüssel hast, sagte ich, die feuchten Hände in der Luft. Ich sehe hier manchmal nach dem Rechten, sagte Bernd. Ich holte ein Geschirrtuch und trocknete meine Hände ab. Ist das nicht ein wenig übertrieben. Jetzt bin ich schließlich da. Eben, sagte er.

Ich will nicht, dass Bernd kommt, sagte ich ihm im Bett. Er rieb sich die Augen und las einfach weiter. Verstehst du nicht, er ist mir unheimlich. Ich bekam keine Antwort. Mit dem Fuß stieß ich ihn unter der Decke in seinen nackten Oberschenkel. Er zog sein Bein zurück. Ich verstehe, murmelte er, aber Bernd ist mein Freund, er kommt, wenn er will. Alles was meins ist, ist seins. So war es schon immer.

Mein Vermieter nahm die Brille ab. Schade, sagte er. Mit Ihnen hatte ich nie Probleme, sagte er. Mit Ihnen nicht. Dann biss er in die Wurstsemmel und wischte sich mit dem Handrücken den Mund ab. Ein paar Krümel fielen auf den Tisch. Es fiel mir leicht, zu unterschreiben. Er nahm die Unterlagen und sah mich kauend an. Werden sie heiraten, fragt er. Ich winkte ab. Ach was.

Ich bin bei ihm eingezogen, sagte ich. Ich habe meine Wohnung gekündigt. Ralf fiel fast die Mappe aus der Hand. Endlich bist du zur Vernunft gekommen, sagte er. Und schluckte. Was soll ich nun hier, ohne dich. Er nahm die Brille ab und wischte sich über die Augen. Aber sie blieben trocken. Ich komme dich besuchen, ja, versprach er. Ich zog die Unterlagen aus dem Kopierer und schmiss sie in den Mistkübel. Wir lachten.

Wenn ich in der Früh aufwachte, war er meistens schon weg. Wenn er noch da war, stellte ich mich schlafend. Dann ging ich zum Markt und kochte etwas. Ich aß auf der Terrasse. Ich sah auf den Fluss hinunter. Manchmal wünschte ich, ich könnte schwimmen. Nachmittags ließ ich den Fernseher laufen, aber ich sah nicht hin. Ich lackierte meine Nägel. Die Tage wurden immer länger. Bald würde der Sommer da sein.

In der Früh steckte der Umschlag in meiner Handtasche. Ich zählte nach und brachte alles zur Bank. Dann wusch ich meine Hosen, und auch ein paar ihrer Kleider. Diese Blümchenstoffe, dachte ich, sind nicht mein Geschmack. Er hatte sie für mich ändern lassen, ich solle sie zu Hause tragen. Du bist so hübsch darin, sagte er und brachte mir Blumen. Er kniff mich in die Wange. Lach doch ein bisschen, sagte er, warum so ernst. Ich trug sie nur nachts. Wenn das Licht aus war, war es mir egal. Meine Große, sagte er. Und ich wusste, dass er mich meinte.

Tagsüber war ich allein mit ihr. Es war schwer, ihren Blicken auszuweichen. Sie sah mir über die Schulter wenn ich mir einen Tee kochte. Wenn ich mich umzog. Sie sah mir beim Kochen zu, und beim Essen. Sie sah mich die Tassen abwaschen. Ich sah ihr Gesicht, selbst wenn ich die Augen schloss. Sie lächelte. Du hast keine Ahnung, sagte ich zu ihr. Du kanntest ihn gar nicht.

Dann kam er mit einem neuen Haarschnitt nach Hause. Seine Locken an den Schläfen waren weg. Vorher hast du mir besser gefallen, sagte ich. Er strich mit der Hand über seinen Kopf. Wie meinst du das, fragte er und sah in den Spiegel. Dann winkte er ab. Es sind doch nur Haare, sagte er. Es ist nicht gut, übermäßig an solchen Dingen zu hängen. Du könntest dir doch auch die deinen schneiden, schlug er vor. Stirnfransen würden dir sicher stehen.

Ralf erkannte mich fast nicht wieder. Was ist denn mit deinen Haaren, fragte er. Sieh mal, sagte ich, und zog mein Hosenbein hoch. Er pfiff und zog die Mundwinkel nach unten. Gefällt mir, sagte er. Was gibt es Neues, außer Schuhe, wollte er wissen. Ich muss ins Krankenhaus, sagte ich. Aber nichts Schlimmes. Ich setzte meine Sonnenbrille auf und nahm einen Schluck durch den Strohhalm. Ich bräuchte fünfhundert, sagte er ganz selbstverständlich. Du weißt ja, wie das ist. Und für dich ist das jetzt nicht mehr viel, nicht wahr. Ein kleines Sümmchen. Ich griff nach meiner Geldtasche. Er täte für mich das Gleiche, dachte ich. Er würde mir jederzeit helfen. Wirst du operiert, wollte er wissen und steckte das Geld ein. Nicht wirklich, sagte ich.

Gott sei Dank bist du nicht dick geworden, sagte Leo. Frauen werden so schnell dick, unter diesen Umständen. Er gab mir einen Kuss auf die Stirn, bevor ich in den Operationsaal geschoben wurde. Ein Routineeingriff, sagte der Arzt, nichts Ungewöhnliches. Ich habe keine Angst, sagte ich. Normalerweise. Ein Problem weniger, sagte Leo beim Heimfahren. Mir war ein bisschen schwindlig. Ich hoffe du bist mir nicht böse, sagte er und klopfte auf meinen Oberschenkel. Aber du weißt ja, ich hab schon eins.

Der Junge war immer höflich zu mir. Ich konnte mich nicht beschweren. Wohnen Sie jetzt hier, fragte er. Ich nickte. Er sah mich lange an. Ich habe auch mal hier gewohnt, sagte er. Jetzt wohne ich am anderen Ende der Stadt. Mit der Straßenbahn muss man bis zur Endstation fahren. Dann zeigte er auf das kleine Zimmer, das leer stand. Das hier war meins. Hier gibt es eine Geheimtür, sagte er und tastete die weiße Wand ab. Sie führt ins Zauberland, flüsterte er. Erzählen Sie es aber nicht weiter.

Er sperrte sich wieder selbst die Tür auf. Ist alles in Ordnung, fragte er. Ich schüttelte den Kopf. Du hast hier nichts zu suchen, sagte ich. Bernd lachte. Schau doch nicht so finster, sagte er. Ist doch nicht deine Wohnung. Dann griff er nach meinem Handgelenk. Was machst du hier, den ganzen Tag, fragte er. Ich zog meine Hand zurück. Was geht dich das an, sagte ich. Er lehnte sich an den Türrahmen und grinste. Er trug seine Haare in einem kurzen Pferdeschwanz und kaute an einem Kaugummi. Sein Blick hüpfte an mir auf und ab. Mach es dir hier nicht zu gemütlich, sagte er.

Leo verdrehte die Augen. Fängst du wieder damit an, sagte er. Bernd tut dir doch nichts. Der will dich gar nicht. Das hat er mir gesagt. Er hat es mir neulich genauso gesagt, die will ich doch gar nicht. Also hör schon auf damit. Ich will ihn hier nicht mehr, sagte ich, verstehst du nicht. Entweder er oder ich. Leo schüttelte den Kopf und sah auf eins der Fotos. Sie hat sich immer gut mit ihm verstanden. Sie hatte überhaupt kein Problem mit ihm.

Auf dem Computer fand ich ein paar alte Videos. Wie sie den Jungen hielt, in einer grünen Decke. Ihr Blick ging müde in die Kamera. Ein paar kurze Videos aus dem Urlaub, vom Strand. Sie trug einen Badeanzug und lag auf dem Rücken. Lass das, sagte sie, und hielt die Handfläche in die Kamera. Er lachte. Im Hintergrund schrie ihnen der Junge etwas zu. Als er die Kamera abdrehte, sah man kurz seine Beine im Sand.

Ihre Kleider störten mich nicht mehr. Irgendwann trug ich sie auch tagsüber. In der Hitze waren sie praktisch. Ich öffnete alle Fenster und ließ die Sommerluft durchziehen. Er lächelte, wenn er nach Hause kam. Er hängte den Schlüssel auf und gab mir einen Kuss. Ich fand einen Hunderter in meinem Schuh, einen anderen in meiner Schublade. Was willst du, fragte er. Such es dir aus. Ich will reisen, sagte ich. Ich will das Meer sehen.

Er holte ein paar Reiseführer heraus und setzte seine Brille auf. Ich habe genug von Stränden, sagte er. Lass uns etwas anschauen. Ägypten ist ein großes Land. Wir sollten uns die Pyramiden ansehen. Oder Alexandria. Seine Finger flogen über die Seiten. Er hielt mir die Bilder unter die Nase. Schau mal. Ich wandte mich ab. Das interessiert mich nicht, sagte ich. Ich will schwimmen lernen. Er seufzte. Wir werden schwimmen, keine Angst.

Ich lernte es schnell. Zuerst stand er neben mir und hielt mich an der Wasseroberfläche. Bleib locker, sagte er, und halt die Augen offen. Eine Welle kam und wir lachten. Er hielt mich fest. Dann schwamm ich selber. Ich konnte gar nicht mehr aufhören damit. Schwimm nicht zu weit hinaus, schrie er. Meine Schultern brannten, meine Augen, meine Zunge. Meine Zehen suchten nach dem weichen Meeresgrund. Dann hüpfte ich über den heißen Sand zum Sonnenschirm. Er filmte mich auf der Liege. Ich drehte mich weg. Lass das, sagte ich und lachte. Er legte die Kamera weg und sah mit kleinen Augen auf das Meer hinaus.

Das Packen fiel mir schwer. Ich zögerte es hinaus, bis er schließlich ungeduldig alles in den Koffer warf. Am Flughafen stand ich noch lange am Fenster und sah in die Sonne. Wir kommen wieder, nicht wahr, wollte ich wissen. Wir kommen doch zurück. Leo sah auf die Uhr, als könne er es dort ablesen. Vielleicht, Große, sagte er. Solche Dinge weiß man nie. Du denkst zu viel an den Tod, sagte ich. Du denkst immer nur an den Tod. Dabei sah sie aus, als hätte sie gern gelebt.

Fast dachte ich, wir wären Freundinnen. Ich erzählte ihr von unserem Urlaub. Ich schwimme jetzt, sagte ich. Bist du auch gern geschwommen? Manchmal erzählte ich ihr von dem Jungen. Er ist gut in der Schule, sagte ich. Leo bringt ihm das Schachspielen bei. Du kennst doch Bernd, sagte ich. Sicher hast du ihn auch gehasst. Wie gefallen dir die neuen Vorhänge. Ich habe sie ausgesucht. Leo mag sie nicht besonders. Er hat keinen Geschmack, oder.

Ich brauche fünfhundert, sagte Ralf. Er klang ernst. Ich sah ungeduldig über meine Schulter. Ich kann jetzt nicht, sagte ich und versuchte, die Tür zu schließen. Er schob ein Bein dazwischen. Nur fünfhundert, flehte er, nur ein letztes Mal, nur noch heute, bitte. Ich holte den Umschlag aus meiner Tasche. Das geht so nicht weiter, Ralf. Nur noch ein letztes Mal, flüsterte ich. Wer war da, wollte Leo wissen. Irgendein Vertreter, sagte ich, mit der Hand noch auf der Klinke.

Ich nahm eine Dusche und trug seinen Morgenmantel, der mir knapp über die Knie reichte. Der Spiegel schnitt immer meinen Blick ab. Dann stand er wieder in der Tür. Was soll das Bernd, sagte ich. Er schloss die Tür hinter sich, sperrte ab. Du schadest ihm, sagte er. Das ist nicht gut, was ihr da tut. Ich stellte meine Teetasse ab und griff nach dem Telefon. Er nahm es mir aus der Hand. Wozu, sagte er, tu das nicht. Wir wollen ihn nicht beunruhigen. Dann zog er am Gürtel des Morgenmantels, bis er sich öffnete.

Ich stieß mit dem Kopf gegen den Boden. Er setzte sich auf mich und holte einen Gürtel heraus. Ich weiß nicht mehr, was er damit tat. Mein Kopf drehte sich. Ich gab nach. Kurz dachte ich, ich würde im Fluss treiben. Mein großer, weicher Körper in der Strömung. Aber ich lag auf dem Parkett. Ich murmelte irgendwas. Es würde schon vorüber gehen, dachte ich. Dann stand er auf und lachte. Du bist so, wie ich dachte, sagte er. Du bist genauso. Er schlug die Tür hinter sich zu.

Ich schleppte mich zum Telefon und rief Leo an. Dann stand ich langsam auf und nahm eine lange Dusche. Ich dachte, ich müsste grüne Flecken haben. Aber mein Körper war unversehrt, sah nicht anders aus als sonst. Ich zog meine alte Jeans an, und setzte mich ins Wohnzimmer. Ich strich mit zitternden Händen über die Sessellehnen. Eine Stunde, vielleicht zwei. Leo würde kommen. Er würde wissen, was zu tun ist.

Ich sah ihn vom Fenster aus, wie er vom Auto ausstieg und zum Haus lief. Es regnete und ein paar Leute hielten sich Aktenkoffer über ihre Köpfe. Leo lief über die Straße. Ein Kleinbus hupte, aber er sah sich nicht um. Irgendwas stimmte nicht. Sein Anzug saß ganz schief. Seine Krawatte hing ihm über die Schulter. Vielleicht sollte ich gehen, dachte ich, aber ich bleib stehen.

Zuerst warf er meine Schuhe raus. Dann meine Kleidung. Er warf es einfach die Treppe hinunter. Ich hätte es wissen müssen, schrie er. Eine Hure bist du, nichts weiter. Ich stand im Flur und versuchte alles einzusammeln. Beim Bücken tat mir der Kopf weh. Ein bisschen Blut lief mir aus der Nase. Jetzt erst. Eine Nachbarin blieb kopfschüttelnd stehen und half mir. Sie brauchen eine Tasche, sagte sie, warten Sie.

Ich übernachtete bei Ralf. Er mietete ein kleines Zimmer über einem chinesischen Restaurant. Er holte eine Flasche Schnaps aus dem Kühlschrank. Wir saßen auf dem Boden und tranken. Das hätte man nicht wissen können, sagte er. Sowas kann man nicht wissen. Er mied meinen Blick. Dann rollte ich mich auf dem Bett zusammen und er schlief auf dem Boden ein. Durch das Fenster kam ein süßlicher Duft. Ich dachte an den Jungen und das Zauberland. Ich dachte an die Tür, die nur er gesehen hat.

Einmal kam ich noch vorbei. Ralf wollte mitkommen. Er sagte, es sei ganz leicht, die Tür zu öffnen. Er hätte sowas schon einmal gemacht. Und eigentlich war es auch meine Wohnung. So empfand ich das. Ralf nahm das Wichtigste mit. Computer, Sparbücher, Bargeld. Ich nur die anderen Kleinigkeiten. Ihre Bilder, Kleider, Tassen und sowas.

Die Jäger der Friedensbrücke

Wolfgang Mörth

Vor ein paar Tagen machten die Medien wieder einmal viel Wind um einen Rekord-Jackpot im Lotto. Auch in der lokalen Zeitung meiner Gegend war zu diesem Thema ein Interview mit Alex di Popolo, einem Angestellten der Lottogesellschaft zu lesen. Ich wunderte mich, dass der Mann immer noch dieselbe Funktion bei seiner Firma ausübte wie vor fünfundzwanzig Jahren. Schon damals war es seine Aufgabe gewesen, den Erstkontakt mit den Hauptgewinnern herzustellen, um sie über den Umgang mit hohen Geldsummen aufzuklären. Da ich der einzige Gewinner eines Vierfachjackpots war, hat er mich damals besonders ausführlich beraten, allerdings nur am Telefon, denn aus verschiedenen Gründen wollte ich nicht, dass er zu mir nach Hause kommt.

Das Gespräch ist mir in guter Erinnerung geblieben. Irgendwann bat ich ihn um seine Einschätzung, was den Charakter der unterschiedlichen Gewinnertypen angeht. Überraschenderweise vermittelte er mir ein insgesamt erstaunlich positives Bild. Kaum einmal bewahrheite sich das Klischee vom Idioten, der alles innerhalb von ein paar Jahren verprasse, sagte er. Die meisten würden ihre Chance nützen und ein besseres Leben beginnen. Am trostlosesten, gestand er, seien jene Momente, in denen er erkennen müsse, dass das Glück jemandem zugefallen sei, der es nicht verdient habe. In diesem Zusammenhang erzählte er mir die Geschichte eines Rechtsanwalts, der darauf bestanden hatte, das Geld in bar in Empfang zu nehmen. Als Alex di Popolo zwei Tage später mit einem Geldkoffer in der nobel ausgestatteten Kanzlei erschienen sei, habe der Anwalt keine Zeit für ihn gehabt und ihm ausrichten lassen, er solle die fünfzehn Millionen Schilling doch bitte im Sekretariat abgeben.

Mir empfahl di Popolo – halb im Scherz, halb im Ernst –, falls es mir ein dringendes Bedürfnis sei, einen Ferrari zu fahren, ihn nicht gleich zu kaufen, sondern ihn zuerst einmal für ein paar Tage zu mieten. Bei den meisten lasse der Drang, den roten Renner zu besitzen, schnell nach. Außerdem sei es ratsam, vorerst den Kontakt mit Anlageberatern zu vermeiden. Am besten gelinge dies, indem ich nicht gleich jedem von meinem plötzlichen Reichtum erzähle.

Ich hörte mir alles geduldig an und wusste zugleich, dass er sich in meinem Fall die Aufzählung seiner Liste von Ratschlägen hätte sparen können. Mir war zu diesem Zeitpunkt schon längst klar, was ich zu tun und zu lassen hatte. Mir war auch vorher schon klar gewesen, dass ich gewinnen würde. Ich hatte zwar nur einen einzigen Tipp abgegeben, doch die von mir ausgewählte Zahlenreihe machte einen derart ausgewogenen und unwiderlegbaren Eindruck, dass mich alles andere als der Hauptgewinn überrascht hätte.

Nun war ich also plötzlich reich. Und in den folgenden Jahren wurde ich noch viel reicher. Unbelastet von allzu viel Sachkenntnis nützte ich die damals gerade stattfindende Hausse an den internationalen Börsen. Ich investierte höchst riskant, gewann aber praktisch immer. Enorme Summen, gegen die sich mein ohnehin schon unverschämt hoher Lottotreffer irgendwann ausnahm wie Taschengeld. Es war ein einziger Höhenflug. Mein Liechtensteiner Treuhänder lächelte hin und wieder in sich hinein, wenn wir über den Zahlen saßen, ein Zeichen dafür, wie erstaunt er über die Entwicklung meiner Geschäfte war. Zu einer emotionaleren Reaktion ließ er sich nie hinreißen. Das hätte zu diesem asketischen, seriösen, fast priesterlich diskreten Menschen nicht gepasst. Überhaupt ist es vor allem seiner Diskretion und natürlich meiner eigenen Verschwiegenheit zu verdanken, dass bis heute kein Mensch über meine Vermögensverhältnisse Bescheid weiß. Vielleicht hätte ich es meiner damaligen Lebensgefährtin verraten, hätte sie mich nicht zu einem sehr ungünstigen Zeitpunkt verlassen. Bis zum Augenblick unserer abrupten Trennung war ich der Meinung gewesen, wir würden, zumindest auf unsere Art, in einer gelungenen Partnerschaft leben. Nicht demonstrativ wie andere Paare, auch ohne besonders viele Worte über die Liebe und über die gemeinsame Zukunft zu verlieren, aber dafür umso entspannter. Doch wie sich herausstellte, war das ein Irrtum. Von einem Moment zum anderen musste ich erkennen, wie sehr ich mich in ihr und ihren Gefühlen getäuscht hatte. Durchs Fenster beobachtete ich ihn, den ich bis dahin nur als ihren Arbeitskollegen kennengelernt hatte, wie er die Schachtel mit ihren paar Habseligkeiten, die sich bei mir angesammelt hatten, im Kofferraum seines Wagens verstaute. Welches Modell? Ich weiß es nicht mehr. Welche Farbe? Ich kann mich beim besten Willen nicht mehr daran erinnern. Was ich allerdings bis an mein Lebensende vor Augen haben werde, ist das marineblaue, mir bis dahin unbekannte Kostüm, das sie an diesem Tag trug. Der zugehörige Rock war so eng und kurz, dass sie sich zuerst auf dem Beifahrersitz niederlassen musste und erst dann ihre Beine nachziehen konnte. Eine Bewegung von erstaunlicher Anmut, Erotik und Eleganz, die ich so noch nie an ihr beobachtet hatte. Auch die lindgrünen, hochhackigen Schuhe sah ich zum ersten Mal. Als der Wagen mit quietschenden Reifen losbrauste, war sie gerade dabei, im Seitenspiegel ihren Lippenstift nachzuziehen. Sie, die jede Art von modischem Zugeständnis bis dahin rigoros abgelehnt hatte. In diesem Augenblick fühlte ich mich zutiefst betrogen, und zugleich machte ich mir Sorgen um sie.

Auch, nachdem die beiden schon lange verschwunden waren, blieb ich noch am Fenster stehen. Der Fernseher lief. Spaziergänger kamen von der Stadt herauf und warfen wie üblich einen Blick auf das zwar schön gelegene aber doch einigermaßen sanierungsbedürftige Haus, in dem ich eine schäbige Garçonnière bewohnte. Es war Frühling, ein warmer Tag, ein Allerweltstag eigentlich, aber es war auch der Tag, an dem sich innerhalb kürzester Zeit Richtung, Tempo und Motiv meiner Biografie radikal veränderten. Der zeitliche Abstand zwischen der größten Niederlage und dem größten Sieg meines Lebens betrug nicht einmal eine halbe Stunde. Wie ferngesteuert setzte ich mich irgendwann vor den Fernseher, in dem gerade die Ziehung der Lottozahlen begonnen hatte. Und als ich die Übereinstimmung der Zahlenreihen endlich registrierte, geschah das Wunder. Der Schock über den Verlust meiner Geliebten war wie weggeblasen, neutralisiert vom Schock über den Gewinn des Geldes. Ich könnte es natürlich bedauern, aufgrund der besonderen Umstände um den wunderbaren emotionalen Ausbruch gebracht worden zu sein, der mit einem Ereignis wie diesem zwangsläufig einhergegangen wäre, aber ich wurde ja entschädigt. Statt der Hitzewallung des Triumphs überkam mich nun diese unheimliche Ruhe und Gelassenheit, manche würden es vielleicht Gleichgültigkeit nennen, und ich könnte ihnen nicht einmal widersprechen, zumal ich selbst hin und wieder, auch jetzt gerade, aus meinem Verhalten rückblickend so etwas wie Kälte herauslese.

Wie auch immer man es nennt, die daraus resultierende Eigenschaft machte mich dazu fähig, so zu tun, als wäre nichts geschehen. Ich unterließ es nicht nur, meine Geliebte anzurufen, um sie mit der Tatsache zu konfrontieren, dass sie gerade einen zigfachen Millionär stehen gelassen hatte, ich versammelte auch nicht meine besten Freunde um mich, um mit ihnen das Ereignis zu feiern und ihnen für den Notfall meine finanzielle Unterstützung anzubieten, und selbst meine nächsten Verwandten glauben bis heute, ich ginge einer seltsamen freiberuflichen Tätigkeit nach, die mir aus unerfindlichen Gründen ein komfortables Leben ermöglicht.

Vielleicht sind Sie jetzt ja neugierig geworden, wer ich sein könnte. Dazu sage ich nur soviel: Ich gehöre vermutlich demselben Milieu an wie Sie. Kulturell interessiert, politisch informiert, ein Kind der Aufklärung und doch offen für spirituelle Ausflüchte. Wir sind uns vielleicht schon auf der Straße begegnet, sind im selben Café gesessen, haben dasselbe Konzert, dieselbe Ausstellung besucht, haben uns vielleicht sogar gegrüßt, und Sie haben sich gedacht, so ein netter Mensch. Es stimmt schon, ich bin ein netter Mensch. Ich bin nett, weil ich bescheiden auf jede Prominenz verzichte, und weil ich ihnen vor allem den Neid erspare, den Sie bei meinem Erscheinen empfinden müssten. Ich habe mich ja durch keine besondere Leistung für mein Glück qualifiziert. Mein Geld könnte genauso gut Ihres sein. Eigentlich war jeder von Ihnen statistisch gesehen schon viel näher an der Gewinnchance dran als ich, denn jeder von Ihnen hat vermutlich schon mehr als einmal die Zeit bis zur Lotto-Ziehung in der lächerlichen Hoffnung verbracht, Gott würde zu seinen Gunsten würfeln. Ich hatte bis dahin ja noch keinen einzigen Schein ausgefüllt. Das ist doch ein Affront, oder nicht?

Verstehen Sie mich nicht falsch. Ich habe, was mein Vermögen angeht, nie ein schlechtes Gewissen gehabt. Wie gesagt: Meine Leidenschaft dem Geld gegenüber war erloschen, noch ehe es mir gehörte. Deshalb verlor ich auch in keiner Sekunde das innere Gleichgewicht. Immer hielten sich die verführerischen Energien des Gewinns und die des Geheimnisses die Waage. Das Geld allein, oder die kindische öffentliche Freude daran, hätten aus mir einen armseligen Emporkömmling gemacht. Die Fähigkeit zu schweigen allerdings adelte mich, als hätte ich immer schon zum natürlichen Stand der Besitzenden gezählt. Ich weiß deshalb nicht nur, wie es ist, arm oder reich oder irgendetwas dazwischen zu sein, ich weiß auch, wie es sich anfühlt, wenn all diese Zuordnungen keine Rolle zu spielen brauchen.

Deshalb sah ich zunächst auch gar keine Veranlassung, etwas an den äußeren Umständen meines Lebens zu verändern. Ich bewohnte weiter meine kleine Garçonnière, fuhr weiter nur mit dem Fahrrad und verrichtete weiter meine diversen Tätigkeiten. Erst nach und nach, im wohl ausgewogenen Tempo einer unspektakulären Karriere, steigerte ich meinen Standard, zog zuerst in eine Zwei-, dann in eine Dreizimmerwohnung und irgendwann in ein Penthouse mit großer Terrasse und Blick über den See. Eines Tages kaufte ich mir auch ein kleines Auto und später dann größere, und zu den Damen, mit denen ich mich sehen ließ, gehörten mit der Zeit auch ein paar materiell anspruchsvollere.

Die Auswirkungen des Gewinns auf mein Liebesleben waren ohnehin bemerkenswert. Grund dafür war in meinem Fall nicht die erotisierende Wirkung des Geldes selbst, denn ich warf ja nie öffentlich damit um mich. Den Erfolg, den ich ab diesem Zeitpunkt bei den Frauen hatte, verdanke ich der Souveränität und Unabhängigkeit, die ich nun ausstrahlte. Reich zu sein macht einfach locker, so ist das. Und es macht gesund. Auch in dieser Hinsicht geht es mir seit meinem Gewinn viel besser. Das liegt nicht nur an den besseren Ärzten, es liegt auch an der grundsätzlichen Abwesenheit von existenziellem Stress in meinem Leben. Das Leben macht mir Spaß, jeden Tag, ich muss ja auf nichts verzichten, auch nicht auf das Gefühl, das Meiste, das ich habe, gar nicht wirklich zu brauchen. Möchte ich tatsächlich wie ein Reicher leben – das kann passieren – dann ziehe ich mich kurzzeitig hinter den halbdurchlässigen Spiegel zurück und halte mich eine Weile in jener Parallelwelt auf, die diese Welt an keiner Stelle je berühren wird. Deswegen würde ich aber nie auf Dauer die Kleinstadt verlassen, in der ich geboren bin. Man mag mich hier. Hier leben die meisten meiner Bekannten. Einige von ihnen zählen mich sogar zu ihren besten Freunden. Und das, obwohl ich sie jeden Tag hinters Licht führe und nichts tue, um ihnen dort zu helfen, wo es am sinnvollsten wäre. Zum Beispiel habe ich viele Bekannte in finanzielle Schwierigkeiten schlittern sehen, zwei meiner Freunde sogar in den Konkurs, ohne etwas dagegen zu unternehmen. Je reicher ich werde, umso weniger sehe ich eine Veranlassung, in das Schicksal der Menschen einzugreifen. Wüssten meine Freunde darüber Bescheid, sie würden mich verfluchen wie sie Gott verfluchen, der sich ebenfalls weigert, Katastrophen zu verhindern. Oder sie würden mich wie Gott anbetteln, was noch schlimmer wäre.

Andererseits tue ich alles dafür, niemanden zu enttäuschen. Das gelingt mir, indem ich zum Beispiel ein guter Zuhörer bin. Das war ich immer schon, aber seit meinem Gewinn habe ich dieses Verhalten noch intensiviert. Das ist nicht unbemerkt geblieben. Diejenigen, die mich schon länger kennen, behaupten zwar, es habe etwas mit dem Verschwinden meiner damaligen Freundin zu tun, weil ich erst dadurch so richtig zu meinen persönlichen Stärken gefunden hätte, aber diese analytischen Versuche kommentiere ich besser nicht. Das wäre zu gefährlich, würde zu sehr am Ursprung der Sache rühren. Zuviel Widerspruch könnte auch meine Rolle gefährden, die darin besteht, die Dinge immer positiv zu sehen, für jeden jederzeit ein aufmunterndes Wort parat zu haben. Manchmal gehe ich sogar so weit zu sagen: Geld macht nicht glücklich, oder: Es sind die inneren Werte, die zählen. Sprüche, die man auch von anderen Reichen hin und wieder hört, wobei die oft versuchen, auch wirklich so zu empfinden. Das fällt dann in die Kategorie der für öffentlich reich Gewordene typischen Entlastungsstrategien. So etwas habe ich gottlob nicht nötig. Ich bin ja in der beneidenswerten Lage, mich nicht dauernd für mein Geld entschuldigen zu müssen. Ich muss auch keine karitativen Einrichtungen ins Leben rufen oder Botschafter irgendeines Hilfswerks der UNO werden. Ich bin wirklich frei. Frei von Eitelkeit, aber auch frei von Skrupeln.

Was ich als Ersatz für echte Hilfe noch anbieten kann, sind Andeutungen meiner Erfahrungen, was den inneren Kreis des Kapitals angeht. Aber auch mit dieser Wahrheit gehe ich eher vorsichtig um. Nicht nur, um mich nicht zu verraten, sondern weil dieses Wissen sich selten als heilsam erwiesen hat. Sinnvoller finde ich es, die Leute zu ermuntern, den chronischen Schmerz, den die Abwesenheit des universellen Heilmittels Geld hervorruft, mithilfe von diversen Kreativtherapien zu lindern. Ich meine damit die Suche nach dem künstlerischen Ausdruck, nach der sozialen Vision, nach der politischen Lösung. Aber Ihnen brauche ich das ja nicht zu erklären. Sie wissen vermutlich selbst, wie wichtig es ist, kritisch, aktiv und offen für Veränderungen zu bleiben. Und gleichzeitig dürfte Ihnen klar sein, dass Sie damit nichts Wesentliches zur Verbesserung der Welt beitragen.

Unnötig zu erwähnen, dass diese Einschränkung für mich nicht gilt. Meine Mittel erlauben es mir, in vielerlei Hinsicht ordnend und verändernd tätig zu werden. Ich sage es noch einmal: Geld und Geheimnis bilden in meinem Fall die Koordinaten einer vielschichtigen Matrix. Ich befinde mich immer zugleich innen und außen, manchmal so weit außerhalb, dass ich den ganzen Erdball überblicken kann. Sie können sich mit ziemlicher Sicherheit nicht vorstellen, welche Erlebnisse und Erkenntnisse der Umgang mit der Energie des freien, geheimen Geldes für den Menschen bereit hält. Nein, das können Sie nicht.

Die Jagd zum Beispiel. Ich meine damit nicht das Schießen eines Bockes oder Hirsches irgendwo bei uns in den Alpen oder sonstwo in einem von Wild überfüllten Gebiet. Ich meine auch nicht die Bärenjagd, wo es noch Bären gibt oder die Elefantenjagd, wo es noch ausreichend Elefanten gibt. Diese Vergnügungen von Aristokraten, Diktatoren und alten amerikanischen Schriftstellern interessieren mich nicht. Es gibt andere Formen der Jagd, die ganz andere Bedürfnisse befriedigen. Und wenn ich schon dabei bin, dann kann ich ja ein wenig konkreter werden.

Es war einige Jahre nach meinem Gewinn, also Mitte der 1990er-Jahre, als ich einen dieser Männer traf, die sich stets im Dunstkreis des Reichtums aufhalten. Ich hatte damals Bekanntschaft geschlossen mit Goran, dem Besitzer jener Wiener Autowerkstätte, in der ich hin und wieder einen meiner Wagen überholen ließ. Zusammen verbrachten wir den einen oder anderen Abend in einem der Lokale mit deutlichem Balkaneinschlag, von denen es dort in der Gegend einige gibt. Bei einer dieser Gelegenheiten gesellte sich ein Mann zu uns, den mir Goran als einen Bekannten vorstellte, um den er sich ein bisschen kümmern müsse, weil er weder unsere Sprache verstehe, noch irgendjemanden in der Stadt kenne. Tatsächlich saß der Mann, ich schätzte ihn auf Ende Dreißig, die meiste Zeit schweigend an unserem Tisch und murmelte nur hin und wieder ein paar unverständliche Worte. Als ich später wissen wollte, warum der Mann so einsilbig gewesen sei, zierte Goran sich zunächst, mir Auskunft zu geben, dann aber dürfte er sich an unsere für ihn seit ein paar Jahren sehr einträgliche Geschäftsbeziehung erinnert haben, nahm mich zur Seite – wir befanden uns zu diesem Zeitpunkt bereits wieder in seinem Betrieb, denn ich weiß noch, dass mir in diesem Moment ein an der Wand hängendes Werkzeug auffiel, das aussah wie eine futuristische Strahlenwaffe – und flüsterte mir zu, sein Bekannter werde von der Polizei gesucht, weil sie vermutete, er wäre in ein paar Mordfälle in seiner Heimat verwickelt. Einerseits erschrak ich über den Umstand, gerade noch am selben Tisch mit einem mutmaßlichen Mörder gesessen zu sein, andererseits war ich erfreut, dass mich Goran doch noch ins Vertrauen gezogen hatte.

An dieser Stelle bleibt mir nichts anderes übrig, als ein wenig auszuholen: Damals bewohnte ich während meiner Aufenthalte in Wien eine Dachgeschosswohnung jenseits des Donaukanals. Keine besonders noble Gegend, aber das störte mich nicht. Auch nicht der Blick von der Terrasse auf einen aus dem zweiten Weltkrieg übrig gebliebenen Gefechtsturm. Um die U-Bahn-Station zu erreichen, nahm ich für gewöhnlich den Weg über die Friedensbrücke. Dabei kam ich immer an einem Bettler vorbei, der in der Mitte der Brücke seinen Arbeitsplatz eingerichtet hatte. Bei jedem Wetter saß er dort an das Brückengeländer gelehnt, den Stumpf seines unterhalb des rechten Knies fehlenden Beines mit hellblauer Folie überzogen und starrte vor sich auf den Gehweg. Was mir auffiel war, dass er die Passanten völlig ignorierte und lediglich dann, wenn etwas in seinen Plastikbecher fiel, mit einem kurzen, deutlichen und eigentlich selbstbewusst geäußerten „Dankeschön" antwortete.

Da ich, was das Betteln angeht, die Überzeugung der Hindus vertrete, jede milde Gabe verbessere das Karma des Gebenden und bedeute darüber hinaus Glück für den aktuellen Tag, versuche ich an bettelnden Menschen nicht achtlos vorbeizugehen. Das heißt nicht, dass ich jeden beschenke, aber ich tue es zumindest immer dann, wenn ich das Gefühl habe, mein Karma bzw. mein Glück könnte eine Auffrischung gebrauchen. In Wien hatte ich es mir zur Gewohnheit gemacht, dem Mann auf der Friedensbrücke jedes Mal alle Münzen zu überlassen, die ich in diesem Moment bei mir trug. Manchmal waren es nur ein paar Cent, meistens war die Ausbeute gar nicht so schlecht. Dieser Akt erleichterte mir den Tag, denn ich brauchte mir ab diesem Zeitpunkt keine Gedanken mehr über den Stand meines spirituellen Kontos zu machen. Dieser Mann saß dort wie für mich hergerichtet, gewissermaßen als Repräsentant aller Bettler dieser Welt.

Aber nicht nur deshalb kam er in den Genuss meiner Gunst, es gab da noch etwas anderes. Egal, wie hoch nämlich der Betrag war, der von mir zu ihm floss, das heißt, wie laut oder leise die Münzen in seinen Becher klimperten, der Tonfall, in dem er mir sein „Dankeschön" hinterher schickte, änderte sich nicht. Einmal machte ich einen Test, indem ich einen Geldschein hineinsteckte, aber auch das brachte ihn nicht dazu, sich auf eine entsprechend dankbarere Art dankbar zu zeigen. Die Summe schien ihm völlig egal zu sein. Und genau diese Gleichgültigkeit war es, die ihn in gewisser Weise zu meinem Verbündeten machte. Wir beide hatten offenbar, jeder auf seine Art, mit Geld nichts am Hut. Hätte ich je daran gedacht, mein Vermögen jemandem zu vererben, er wäre wohl am ehesten als Kandidat in Frage gekommen. Ich gebe zu, damals sogar hin und wieder über so etwas nachgedacht zu haben. Aber es blieb natürlich bei theoretischen Erwägungen, vor allem, weil eines Tages sein Platz leer war. Traurig für mich, denn ich fand keinen Ersatz für ihn, niemanden, dem ich mein Glück verlässlicher anvertrauen konnte.

Aber das Wesentliche an dieser Geschichte kommt erst jetzt: Als ich meinen Bettler zum letzten Mal sah, befand er sich im Gespräch oder besser in Kontakt mit jemandem, den ich beim Näherkommen als Gorans mordverdächtigen Bekannten identifizierte. Auch er sah mich, grüßte mich kurz, wandte sich dann aber wieder dem Mann zu, der vor ihm auf dem Boden kauerte. Was die beiden miteinander zu bereden hatten, verstand ich nicht, es machte aber keinen angenehmen Eindruck. Deshalb zog ich es vor, meine Münzen in der Tasche zu behalten, alles andere wäre mir als eine unangemessene Unterbrechung dessen erschienen, was sie zu verhandeln hatten.

Doch dann geschah etwas, das ich bis heute nicht endgültig zu deuten weiß. Als ich auf seiner Höhe war, hob der Bettler zum ersten Mal den Blick, sah mich aus trüben Augen an und sagte „Dankeschön". Das war nicht nur eigenartig, weil er nichts von mir bekommen hatte, sondern weil sich dieses „Dankeschön" anders anhörte als sonst, wie eine Zusammenfassung, wie ein abschließender Gruß, freundlich, aber auch mit einem flehenden Unterton in der Stimme. Mir war sofort klar, dass es hier eine gute Gelegenheit gegeben hätte, in eine gefährliche Entwicklung einzugreifen, doch als ich mich umdrehte, hatte sich die Konstellation aufgelöst, weil Gorans Bekannter sich dazu entschlossen hatte, mir zu folgen. Er sprach mich an, in einem gebrochenen aber ordentlichen Deutsch, keine Spur mehr von der Zurückhaltung, die er bei unserem ersten Treffen an den Tag gelegt hatte. Er hieß Darko und war ein sehr netter, intelligenter, auch humorvoller Kerl. Er lud mich ein, mit ihm auf ein Bier zu gehen. Ganz gegen meine Gewohnheit willigte ich ein. Er winkte ab, als ich Näheres über den Bettler erfahren wollte und sagte, ich solle mir keine Gedanken über den Typ machen. Ich insistierte und erfuhr, dass sich die beiden aus dem Krieg kannten und dass er den anderen für schuldig hielt, an Verbrechen gegenüber seinen Landsleuten beteiligt gewesen zu sein. Wir tranken noch ein Bier und noch eines, er erzählte mir schreckliche Geschichten aus seiner Heimat, wir bestellten Schnäpse, tranken sie ex, wechselten das Lokal, tranken und redeten weiter, trafen uns am nächsten Tag wieder und eine Woche später erneut, er wurde eine Art Freund, einer, dem ich gerne zuhörte, einer, den ich respektierte, weil er für mich der erste Mensch war, von dem ich das Gefühl hatte, er habe wirklich etwas erlebt, wäre in Situationen geraten, die existenzielle Entscheidungen nötig gemacht, seinen Mut erfordert hatten, ein Mensch, der die Grenze zwischen Leben und Tod kannte.

Als er mir eines Tages das Angebot machte, ihn zu sich nach Hause zu begleiten, dorthin, wo er geboren und aufgewachsen war, sagte ich sofort zu. Es würde zu weit führen, hier Näheres über den Stand der Dinge auf dem Balkan zum damaligen Zeitpunkt zu erzählen. Nur soviel: Der Krieg war in vollem Gange, die Lage war unübersichtlich, die Experten in den Medien übertrafen sich gegenseitig mit wilden Spekulationen, die westlichen Regierungen trafen Entscheidungen, die von den verschiedenen außerparlamentarischen Gruppen missbilligt wurden, es fielen Bomben, die Bilder von Massengräbern wurden gezeigt, die Namen von Kriegsverbrechern waren in aller Munde und an den Stammtischen bildete man sich Urteile, die je nach Informationslage ihre theoretische Stoßrichtung änderten.

Darko hingegen lieferte Reales. Er brachte mich an jene Orte, wo sich die Auseinandersetzungen ereigneten. Nicht als Tourist, nein, ich wurde mit einer Identität ausgestattet, die etwa der eines Söldners entsprach, reiste mit falschen Papieren durchs Land, war in Militär- oder eher Guerillalagern untergebracht und bekam sogar eine kurze Einführung in die Grundlagen des Straßenkampfes. Es war sehr spannend, sehr exklusiv und irgendwann natürlich auch sehr teuer. Darko war mein Kamerad, er stellte mir zahlreiche Mitglieder seiner vielschichtigen Familie vor, ich verbrachte Zeit im Haus seiner Eltern. Er war aber auch ein Geschäftsmann, der den Zugang zu einem ganz besonderen Jagdrevier verkaufte. Darko führte mich bis ganz nach vorne an die Frontlinie, wo wir uns gemeinsam auf die Lauer legten. Ich profitierte von seiner Erfahrung, von seinem sicheren Auge und natürlich von seinem Schutz. Was er mir zu bieten hatte, war mir viel wert. Trotz der Schüsse und Granateinschläge um mich herum, fühlte ich mich immer gut aufgehoben, eingebettet im Umfeld jener Profis, die den Zusammenhang kannten. Auch der persönliche Vorteil, den Darko mir als Jäger gegenüber den Gejagten verschaffte, war mir stets bewusst. Aber das änderte nichts an der Erregung, die ich in jenen Augenblicken verspürte, wenn hier und jetzt eine, nein, meine endgültige Entscheidung fiel.

Ich gebe zu, es dauerte eine Weile, bis ich mein altes Selbst loswurde. Anfangs schlugen die Motive, aus denen mein Gewissen zusammengesetzt war, noch wilde Purzelbäume. Darko erkannte meine Zweifel und sagte, ich könne damit am besten zurande kommen, wenn ich mich ganz auf den technischen Aspekt meiner Aufgabe konzentrierte. Ich vertraute Darko, Darko kannte die Menschen und er kannte mich. Er wusste, dass meine Sehnsucht nach der Durchdringung jener hauchdünnen aber schwer zu überwindenden zivilisatorischen Schicht, die uns von unserer Natur trennt, noch nicht gestillt war.

Deshalb führte er mich weiter. Wir jagten nicht nur in seiner Heimat, wir jagten im Irak, in Pakistan, im Sudan, in den Wirren des arabischen Frühlings, und zuletzt jagten wir in Syrien, wo wir ohne zu zögern mehrmals die Fronten wechselten. Wir waren ein gutes Gespann, er und die von ihm zur Verfügung gestellte Infrastruktur fürstlich von mir bezahlt, ich von ihm perfekt geschützt. Mit der Zeit lernte ich, Teile meines Charakters abzuspalten. Sie legten sich zur Ruhe und erwachten wieder, je nach Situation.

Ich glaube, nur im persönlichen Umgang mit anderen verfügte ich über das, was man ein Bewusstsein nennt, auf der Jagd hingegen war ich wild. Deshalb bin ich nach all diesen Einsätzen auch nicht in der Lage zu entscheiden, wer Recht gehabt hätte oder wer Unrecht. Aber das war auch nie mein Ziel. Ich wollte nichts anderes als irgendwann ganz Pfeil sein, wie der Zen-Meister sagen würde, oder wie ich selbst sage, ich wollte eins werden mit meinem Vermögen und ohne Mitleid in seinem kraftvollen Strom dahintreiben.

Sie sind schockiert? Ich bin es irgendwie auch, und das beunruhigt mich. Auch die Anrufe beunruhigen mich, die ich in letzter Zeit bekomme. Call-Center-Sklavinnen, die mich dazu überreden wollen, an Tippgemeinschaften für 6 aus 45 teilzunehmen. Es scheint sich etwas zusammenzubrauen. Auch der Akt des Erzählens ist ein Zeichen der Veränderung. Erst recht der Inhalt meiner Geschichte. Das klingt nach einem Geständnis. Als fühlte ich mich plötzlich schuldig, als fehlte auf einmal Gewicht in einer der Waagschalen. Ein weiteres Anzeichen für den Verlust der Stabilität ist das, was bei meinem letzten Besuch in Liechtenstein zur Sprache kam. Mein armer Treuhänder, der eigentlich schon lange in Pension ist, musste sich Gedanken zu meinem möglichen Tod anhören. Ich wollte darüber reden, was nach meinem Ableben mit meinem Geld geschehen würde. Zunächst habe ich noch scherzhaft gesagt, was mir aus dem Nichts zugeflogen sei, solle sich einfach wieder in Nichts auflösen. Doch er meinte, das sei unmöglich. Vermögen in dieser Höhe seien praktisch unzerstörbar, die Energie dieses Geldes werde also so oder so ihre Wirkung entfalten. Und plötzlich war es mir ernst. Was ist, sagte ich, wenn wir alles, was mir gehört, zu Geld machen und die gesamte Summe zu gleichen Teilen wahllos auf ein paar hundert Millionen Konten überweisen. Die vielen winzigen Tipp-Beträge, die sich am Anfang der Geschichte bei mir angestaut haben, sagte ich, werden quasi wieder zurückfließen, wo sie hergekommen sind. Das Geld wird zwar nicht verschwinden, aber seine Wirkung wäre in kürzester Zeit bis zur völligen Harmlosigkeit verdünnt, umgewandelt in lauter lächerliches Kleingeld, das innerhalb von ein paar Sekunden an den Supermarktkassen dieser Welt aus den Portemonnaies gekramt wird.

Er lächelte sanft und fragte, was denn heute mit mir los sei. Nun erzählte ich ihm von den Zeichen, nämlich vom Interview mit Alex di Popolo und von der Todesanzeige, die ich in derselben Zeitung gefunden hatte. Obwohl ich sie seit damals, als sie mit ihrem Arbeitskollegen davongebraust war, nie mehr gesehen hatte, erkannte ich sie sofort wieder. Der Text der Anzeige enthielt das Wort „tragisch", was auf etwas Plötzliches hindeutete, auf einen Unfall höchstwahrscheinlich. Vielleicht ist ihr neuer Freund zu schnell gefahren, dachte ich, als ich zu Hause die Zeitung noch einmal aufschlug, immer noch erschrocken wegen der verblüffenden Koinzidenz. Dann berührte ich ganz leicht ihr Gesicht auf dem Foto mit den Fingerspitzen, hüllte mich anschließend in eine Decke, ging auf die Terrasse hinaus, setzte mich auf den Boden und versank auf der Stelle in einen enormen gedanklichen Abgrund. Dort unten traf ich Darko und den Bettler, und ich traf sie, meine Geliebte, und es war kalt und ich weinte und wünschte mir, sie wären alle noch am Leben. Irgendwann tauchte ich natürlich wieder herauf und es war mir klar: Du kannst hier nicht ewig so sitzen bleiben, mit dem Rücken am Geländer, ohne auf den See zu achten und den Hafen und den wirklich schönen dreizehn Meter Einhand-Daysailor von Brenta und Argento, den du dir letzte Woche angeschafft hast. Nein, das wäre undankbar und ignorant, auch weil der Wind gerade ideal wäre für eine erste kleine Segeltour.

Portrait of the Artist as a Young Woman oder Unverschämte Sklaven in 11 Kapiteln

Angelika Stallhofer

1 SKLAVEREI IST FREIHEIT – GUT ZU LEBEN

Seit ich keine Sklavin mehr bin, lebt es sich nicht mehr so leicht. Ich habe das Firmenauto und das Firmenhandy zurückgegeben, genieße die Vorzüge des Gefangenseins nicht mehr, ich profitiere nicht mehr von den unzähligen Rabatten, die man mir als Draufgabe zu meinem Gehalt gewährte, erhalte keine Gutscheine mehr für den Supermarkt, bin umgezogen, bewohne jetzt ein Schneckenhaus mit Klo am Gang; seit ich gekündigt habe und daher nicht mehr zu denen gehöre, die so fein heraus sind, dass immer jemand will, dass sie noch feiner heraus kommen, arbeite ich gleich viele Stunden wie zuvor und habe, nur weil ich mein neues Glück zwar in Worten sagen, aber noch nicht gänzlich fassen kann, doch nichts zu klagen: Sich selbst ausbeuten zu dürfen, ohne, dass es ein anderer tut, ist ein Privileg.

Die Sache mit dem Firmenauto ist erlogen: Ich bin Schriftstellerin, ich lüge schon von Berufs wegen wie gedruckt, lüge aus Prinzip, damit man mir Glauben schenken kann. Ich lasse Luft ab und blase die Dinge dabei zur Wahrheit auf wie einen Ballon – ich lasse alles in mir hochsteigen. Mir wird abwechselnd heiß und kalt dabei, ich bemerke den Angstschweiß in meinem Nacken – ich investiere in große Worte, atme solange Lügen aus meinem Mund, bis die Wahrheit platzt.

**2 SKLAVEREI IST FREIHEIT –
SICH ZU KAUFEN WAS MAN BRAUCHT**

Ich habe Glück, dass ich Künstlerin bin, andere haben nicht so viel Glück und wollen so viel Glück auch nicht haben – so viel Glück setzt sich im Alltag augenblicklich durch: Ich ärgere mich, weil die teuren Glühbirnen kaum einen Monat halten, ich habe Beschwörungstechniken in das Register meiner persönlichen Kompetenzen aufgenommen, die am Arbeitsmarkt weder von tertiärer noch sonstiger Bedeutung sind, sich in meinem jungen Berufsalltag als Künstlerin jedoch bis auf Weiteres hervorragend bewähren. Ich beschwöre die Waschmaschine, dass sie noch weitere Jahre auf den Buckel nimmt, mein Atem setzt aus, wenn sie Geräusche ausspeit, die mir nicht vertraut sind, ich habe Angst, dass der Kühlschrank nicht mehr kühlt und der Abfluss wieder verstopft. Ich beschwöre auch den Kühlschrank und den Abfluss, ich suche alle Geräte in meiner nächsten Umgebung in regelmäßigen Intervallen mit selbst ersonnenen Zaubersprüchen heim, beschwöre am allermeisten mein in die Jahre gekommenes Notebook: noch einige Monate wenigstens bei mir zu bleiben, der Schwäche der Grafikkarte nicht nachzugeben, die den Bildschirm zeitweilig in Tausende Striche teilt, mir mein Schreibuniversum zerfetzt. Manchmal wird es nachts dunkel um mich, – die Glühbirne, Sie wissen –, dann scheint mein Kopf zu leuchten in dem verbliebenen Licht, das durch die Ritzen des Strichcodes dringt, und ich greife wieder zu Füllfeder und Papier, entzünde die Kerzen, die zu Hunderten in meinem Schreibzimmer stehen, setze meine Arbeit im Lichtermeer fort. Nehme den Zettel mit den Zaubersprüchen her, korrigiere von Grund auf – Merseburger –, Sie wissen.

Seit ich sage, dass ich Künstlerin bin, ziehe ich Menschen an, die ich eben noch nur aus dem Fernsehen kannte, seit ich erzähle, dass ich in einem Lichtermeer schreibe, stürzen sich mir völlig Unbekannte ins Leben, fliegen mir, vor LED-Schirmen fliehend, entgegen wie Motten in paradiesisches Licht. Meine Freunde wissen: Ich habe zwei Paar Jeans und zwei Paar Schuhe, eine Freizeit und ein Sozialleben. Ich habe ein Buch von Friederike Mayröcker, ich habe Glück, Künstler brauchen nicht mehr. Künstler essen nicht, leben von Luft und Liebe – zur Kunst. Schriftsteller ernähren sich meist ausschließlich von Wörtern, kleiden sich in Sätze, suchen sich dabei die besten Stoffe aus, picken sich die Rosinen aus dem Leben. Das ist unverschämt. Künstler gehen nicht zum Essen aus, sie gehen auf einen Theaterhappen, eine

Museumsbouillon, ein Konzertsteak, kehren anschließend zufrieden und gesättigt in ihre Schneckenhäuser zurück. Das ist eine Zumutung. Die Luft allein würde doch reichen, für so einen Künstler, und all die Kulturinteressierten, ich habe da bestimmt etwas verwechselt, da ich selbst Künstler bin, wie gesagt Frau, also selbstredend Künstlerin und dann noch: jung.

Einschub: Sklaverei ist Freiheit, sich zu kaufen, was man braucht und was nicht lange hält. Verhält es sich anders, handelt es sich um Zauberei, oder einfacher, um ökonomisches Versagen, mit anderen Worten, Dinge mit langer Lebensdauer lassen sich primär darauf zurückführen, dass ein Mensch beim Versagen versagt. Oder ein Rechner. Also ein Mensch, der dem Rechner gesagt hat, dass er versagen soll, doch dann versagt der, indem er nicht versagt. Geplante Obsoleszenz, Sie kennen die Geschichten. Die Geschichte der Glühbirne, die Geschichte der Strümpfe? Sie haben selbst einst Ihr Auto mit einem Nylonstrumpf abgeschleppt? Tatsächlich, dann kennen Sie ja die Urkraft des ersten Strumpfs, die Urstrumpfkraft sozusagen, die dem Beinkleid der Urstrumpftant' beschieden war. 1940, die Nylonrevolution, elf Jahre später *The man in the white suit*: Erfindet einen Faden, der ewig hält, daraufhin will ihm die gesamte Textilarbeiterschaft an den Kragen, die Fädenspinner, versteht sich, zuerst. Was britische Komödien eben so an den Haaren herbeiziehen, aus dem Reich der Fantasie. Und dann: Sie kennen auch die Feuerwache in Livermore und das Märchen von den Glühbirnen, denen man hinterlistig das Leben auf 1000 Stunden verkürzt haben soll? Hätte ich nicht mein Lichtermeer, das dem Bild der Schriftstellerin so viel besser zu Gesicht steht, ich würde ganz gelb werden vor Neid, verschlüge es mich einmal zu den Feuerwehrleuten aus Livermore, deren Glühbirne seit über hundert Jahren brennt. Stellen Sie sich Menschen vor, die *Happy birthday dear lightbulb* singen, an einem sonnigen Tag 2001. Ich hätte mitgesungen, wäre ich dabei gewesen, Sie wissen ja, Künstler sind verrückt und die Ausnahme, die die Regel bestätigt, kennt man bei uns nicht – aber, Künstler sind nicht dumm, auch das gilt natürlich ohne Einschränkung. Sie müssen also wissen, ich beschwöre meinen Drucker nicht, ich habe meine Hoffnung auf sein langes Leben schon am Weg zur Elektronikfachhandlung im Keim erstickt, ich bin in die Elektronikfachhandlung hineingegangen wie man in eine Tierhandlung hineingeht, um sich einen neuen Goldhamster auszusuchen, dann aber, als der Kassier meinen Hamster über den Scanner gezogen hat, flackerte doch noch einmal so etwas wie Hoffnung in mir auf, jedoch, sie hatte nichts zu bedeuten. Ich habe nach wie vor vollstes Vertrauen darin, dass der Chip, der meinen Goldhamster nach so und so vielen mehr oder weniger wie geschmiert gelaufenen Druckaufträgen, lahmlegen soll, seinen Weg in das Tier gefunden hat. Ich zweifle nicht an der Zuverlässigkeit und Lohnloyalität der Mitarbeiter und Mitarbeiterinnen großer

Konzerne. Als freiwilliger Sklave versagt man nicht, man baut den Chip in den Drucker ein, und fertig, soll ein anderer später die Software schreiben, die den Zähler kalt macht. Oder auch nicht. Ich schreibe darüber, sonst schreibt sich mir am Ende noch eine Verzweiflung darüber ins Gesicht. Und dem soll man es ja nicht anmerken. Sie erinnern sich, ich bin Künstlerin und jung.

3 SKLAVEREI IST FREIHEIT – SICH IMMER MEHR ZU KAUFEN ALS MAN BRAUCHT

Ich korrigiere von Grund auf: Drucker werden so alt wie Hunde. Flachbildfernseher werden doppelt so alt wie Röhrendinosaurier. Die Zahl der großen Tiere – Kühlschränke, Waschmaschinen –, die aufgrund ihres Hinscheidens ersetzt werden mussten, ist im ersten Jahrzehnt des Jahrtausends um fünf Prozent gesunken, und Smartphones haben ungebrochen neun Leben. Anders gesagt: Ich bin kein Internetriese, ich nehme nichts zurück, weder Gekauftes und gar nicht erst Worte, ich mochte Hamster noch nie.

Künstler mögen Katzen, alle mögen Katzen. Katzen sind so verspielt, elegant, vielfarbig und schön, dass man sich immer schon die nächste Katze kaufen will, während die eine noch tadellos miaut. Katzen gehen stolz durch die Welt, denken nicht an die Anzahl ihrer Leben, Katzenglück wird immer gekauft: *Freedom and happiness through unlimited consumption*, tausend Dinge, ein Glück, jetzt, jetzt, jetzt, zu haben.

Miau, miau, miau. Werbung ist noch in ihrer größten Dummheit gefährlich klug.

Ich lebe jenseitig – ohne Smartphone und Apps, ohne Tablet und Co., das reicht, um ungewöhnlich zu sein, ich will meine Ruhe haben, reize meine Einsamkeit aus, hole das Letzte aus ihr heraus: Ich gebe nicht freiwillig meinen aktuellen Standort an, ich scheine nicht auf im Gesichtsbuch der Welt, nehme nicht teil am Sehen-und-gesehen-werden im Netz, ich will keine Gesichtswäsche waschen, kein Bad nehmen in der begierigen Menge, von Mausfingern beklickt, will die ausgefallenen Milchzähne fremder Kinder nicht sehen, und keine Eis essenden Hunde. Und dann: Nicht lesen müssen, wie sehr man seine Muttersprache nicht kennt, ihr in die Kniekehlen tritt, während man schreibt, die ausgefahrenen Beine gehörten andern. Und hinter all dem einer, der sich ins Fäustchen lacht, sämtliche Daten auf alle Ewigkeit speichert. „Unwissenheit ist Stärke", erklärte man Winston Smith in George Orwells Roman „1984".

Ich teile weder mein Glück noch mein Unglück, lasse mir nichts gefallen. Niemand muss wissen, wann ich eine Kurzmitteilung gelesen habe und wann ich zuletzt online gewesen bin, das ist nicht normal. Ich habe alles zu verbergen, das ist unverschämt, und ich sage, ich würde nichts verpassen. Das ist absurd. Gleich wird man mir wieder vorschlagen, in einen Ashram zu gehen und ich werde wieder antworten: Bestimmt lerne man dort gut, zu teilen.

Einschub: Freedom and happiness through unlimited sharing. Liken kostet nichts, kommentieren, teilen, macht Spaß. Es ist ein wenig wie gemeinsam fernsehen, lasse ich mir sagen, fernsehen mit allen, die man so kennt, nur, die Schüssel mit den Chips gehört einem glücklicherweise allein, und dann: So mächtig waren wir noch nie. Haben alle unseren eigenen Kanal, sind Programmchefs und gestalten unsere Beiträge zugleich selbst, können sehen, was es auf hundert, tausend, Millionen anderen Kanälen spielt, uns jederzeit in das fremde Programm einmischen, anregen, loben, kritisieren, uns beschweren – jeder kann sagen, was er davon hält. Das ist gut und wichtig und nebenher so, als wäre der Zirkus in der Stadt, dabei ist der Zirkus in allen Städten und Orten zugleich – und zieht nie mehr fort. Man muss nicht in die Manege, man *will*, der Eintritt ist frei. Es folgt ein unverbindliches, leichtfüßiges Tänzeln, ohne dass jemals der Drahtseilakt beginnt. Sich für ein paar Augenblicke in den Lichtkegel hinausstellen, den Beifall abholen, den man sich zweifellos verdient, sich gleich darauf wieder in die Unsichtbarkeit hinab ducken, die doch so viel unverfänglicher ist. Man muss sich nur geschickt anstellen, aber was sage ich, Sie wissen ja, wie das geht. Übermut zahlt sich nicht aus und Mut beweist man sich nicht in einer Welt, die Shitstorms durchwehen. Sie kennen das, hockt doch immer irgendwo einer mit der Büchse der Pandora im Gebüsch, einen verunglückten Lebensplan im Gedärm, wartet dort einzig auf *Ihr* Stichwort. Dann rette sich, wer kann, Programmdirektor wie Redakteur, Zirkusdirektor wie Clown, spätestens jetzt wissen Sie ja, im Netz sind Sie beide zugleich. Wer will also schon zu einem so gläsernen Menschen werden, dass er zuletzt an seiner Gläsernheit zerbricht. Da müsste man schon Künstler sein, um die Wut hinausschreien zu können in die Welt, es genießen zu können, wenn die Wut zurückkommt in stürmischen Wellen. Wer im Glasladen herumtrampeln will, muss eine dicke Haut haben, so sagt man. Künstler haben die Haut von Elefanten, lassen sich gern beschimpfen, furchtlos davor, dass etwas zerbricht. Sehen ja schon in Scherben, was alles doch noch so intakt und wunderbar ist: Millionen von Likes erbringen den Beweis. Da aber, sehen Sie! Künstler lesen schon die Scherben auf und suchen nach dem Menschen darin, sagen, man müsse den Menschen samt seiner Menschlichkeit wiederherstellen zu einem bunten und kostbaren Mosaik. Sagen, sie wollten erschaffen und verändern, und wollen, dass andere erschaffen, wie sie, nähmen ja nur dafür all die Kleinstarbeit auf sich. Das ist eine Zumutung. Menschen werden zum Einkaufen geboren. Dafür arbeiten sie. Liken und teilen sie obendrein, ist das höchst kreativ –

Ich lasse mich im Gesichtsbuch nicht blicken, wissend, ich sollte mich schämen, meine Kleinstarbeit nicht zu teilen. Sie müssen verstehen, so viel Zeit habe ich nicht. Ich habe ein Sparschwein voll mit Geschichten. Ich verwende all meine Zeit darauf, mein Sparschwein mit Geschichten zu füllen. Die Geschichten versichern mich meines Lebens. Doch hören Sie weiter, dann werden Sie schon verstehen.

4 SKLAVEREI IST FREIHEIT – IN DEN URLAUB ZU FAHREN WOHIN MAN WILL

Moderne Sklaven erkennt man an ihrer freiwilligen Unfreiwilligkeit. Die Sklaven gehen freiwillig in ihr Sklavengefängnis hinein, wissen doch, sie dürfen spätabends wieder heraus, und dass es Wochenenden gibt, die, wenn sie ihre 60 Stunden abgesessen haben, auf sie warten. Dazu Feiertage, und fünf Wochen Urlaub im Jahr, gesetzlich geregelt und bezahlt, komme was wolle. Das macht das Sklavengefängnis zu einem erträglichen Ort, manche sollen schon der Versuchung erlegen sein, es abends gar nicht mehr zu verlassen. Verabsäumt man es zu Hause nämlich für einen Moment, ins Internet zu gehen, kommt man als Sklave früher oder später unweigerlich auf dumme Gedanken – Flucht etwa – und würde sie weiterspinnen, wäre da nicht diese ungeheuerliche Angst. Also nichts wie zurück ins Internet und nach dem nächsten Urlaubsziel suchen. –

Sklaven müssen zwar durchwegs Dinge tun, an denen sie an mindestens 223 Tagen im Jahr keinen Spaß finden und an mindestens 196 Tagen davon gegen ihre eigene Überzeugung handeln, irgendwo dazwischen aber wartet die große Freiheit auf sie. Sie dürfen nach San Francisco fahren, auf den Spuren der Hippies wandeln, oder nach Australien auf den Spuren der

Aborigines oder nach Südamerika Wale schauen gehen oder zu den Tafelbergen, oder auf Fiji, oder sie fahren mit der transsibirischen Eisenbahn, oder besuchen die Eremitage, oder fahren noch rasch auf die Malediven, damit sie mir oder ihren Enkeln – je nachdem – später einmal sagen können: Wie geil, hab ich *das* noch gesehen. Junge Künstler haben keine Sehnsucht nach solchen Orten, an derlei Orten sagen sich Schildkröte und Indischer Hausrabe Gute Nacht.

Junge Schriftsteller etwa bewerben sich für Aufenthalte in der deutschen Provinz, dort rennen Hase und Igel um die Wette. Und während sie dort arbeiten, können sie sich vorstellen, es sei auch ein wenig Urlaub. Erholung ist schließlich nur etwas für vollwertige Konsumenten.

5 SKLAVEREI IST FREIHEIT – SICH NICHT ZU SCHÄMEN

Manchmal verschweige ich es, dass ich Künstlerin bin, will mich nicht zur geheimnisvollen Blase machen, in die früher oder später doch immer Bewunderung oder Mitleid hineinsticht, Spott oder Hohn, zuweilen auch ein wenig Verachtung, bemerkt man, es handelt sich nicht um einen Scherz. An anderen Tagen wiederum erzähle ich es frei heraus, sage: Ich sitze über Wochen an einem Text, weiß dabei nicht, ob er mir jemals einen Bruchteil meiner Miete einbringen wird, jedoch, ich muss es nicht wissen. Es gibt eine Freiheit in mir, die stärker ist als ich, die alles von mir fordert, alles von mir nimmt, und wenn ich eines von ihr weiß, dann dies: dass sie mir jede Minute der Anstrengung am Ende stets ausbezahlt mit Glück. Nachdem ich das gesagt habe, blickt mich gewöhnlich einer so verwirrt an wie Sie. Dennoch, man gibt sich gerne ab mit mir, sieht mich an wie eine schöne Aussätzige – es ist im Rahmen des Verträglichen, wenn mir ein Satz aus den Fugen gerät – oder dann und wann wie eine hübsche Revolutionärin, von der man glaubt, dass ihr die Revolution nie gelingen wird. Ich nehme die Blicke in Kauf. Ich bin eine brave Künstlerin, eine, die sich schämt und fremdschämt zugleich, das hat seine Folgerichtigkeit, Scham ist nur dem möglich, der nicht tut, was alle tun. Sie waren unlängst im Kino? Dann wissen Sie ja, Sklave zu sein ist jetzt sozusagen en vogue. Der Geldsklave, der Sexsklave, alles Inbegriffe des freiwilligen Sklaven, der sich nun nicht mehr dafür zu schämen braucht, dass er eben nichts anderes als Sklave sein will. Viel Geld verdienen will, konsumieren will, unterhalten sein will, zerstreut sein will, endlich darf er es laut und vor allen Augen sagen, nämlich, dass er an Flucht gar nicht denkt.

6 SKLAVEREI IST FREIHEIT – SICH SELBST SKLAVEN ZU HALTEN

Offene Geheimnisse bringen es mit sich, dass man sie im Eifer des Einkaufs vergisst. Es ist ein offenes Geheimnis: Westliche Sklaven halten sich ihrerseits Sklaven in allen Teilen der Welt, Sklaven, die es tausendmal schlechter haben, muss man sie doch zu den unfreiwilligen Sklaven zählen. Die hat's halt schlecht erwischt, sagen die freiwilligen Sklaven, oder, die sollen sich glücklich schätzen, dass wir ihnen Arbeit verschaffen, oder: wir haben uns verspekuliert, aber so ist die Welt. Menschen machen Fehler, andere Menschen machen Fehler und wieder andere büßen dafür. Und ich bitte Sie, so viel falsch machen wir dann doch wieder nicht, Finanzkrise hin oder her, wir kurbeln die Weltwirtschaft an, sorgen für den nötigen Schwung, fließen muss das Geld, den Strom hinauf, den Bach hinunter, und Sie glauben doch nicht ernsthaft, nur Leute wie wir seien am Bankrott ganzer Länder schuld?

7 SKLAVEREI IST FREIHEIT – SICH FÜR DAS HALTEN VON SKLAVEN NICHT ZU SCHÄMEN

Ich versuche mich freizuschaufeln, ich kaufe mir fair gehandelten Kaffee, ich greife nach fair gehandelten Bananen. Meine Hoffnung, damit mein winziges Scherflein zu einer gerechteren Welt beitragen zu können, stürzt mich in den Ruin. Ich beharre dennoch darauf, sage es auch den überzeugten Sklaven, die mir begegnen, schlage ihnen unverbindlich vor, dasselbe zu tun, erwähne ihren Reichtum nicht, oder das Verhältnis, in dem er zu dem meinen steht, hüte meine Zunge dabei tunlichst davor, Begriffe aneinanderzureihen, die nach *verantwortungsvoll* klingen und *Konsum* – man beleidigt mich dennoch als Gutmensch, sagt mir, ich solle zu Greenpeace gehen. Sie haben recht, platzt es dann manchmal aus mir heraus, in Kambodscha hält man Arbeiter wie Tiere.

8 SKLAVEREI IST FREIHEIT – SICH UNVERSCHÄMT ÜBER ALLE ZU STELLEN

Sklaverei ist Freiheit – noch viel mehr zu bekommen, weil man schon so viel hat. Steuervergünstigungen, Zuschüsse, Sie wissen, als Politiker der westlichen Länder sind wir um das Wohlaufsein Ihres Konzerns sehr besorgt. Aber bitte denken Sie als CEO doch auch daran, ein wenig Greenwashing zu betreiben, Sie sehen ja, die Menschen werden schon ganz nervös. Also ein Zertifikat bitteschön auf ihre Produkte, ressourcenschonend angebaut, nachhaltige Aufzucht, nachhaltiger Fischfang, naja, Sie kennen ja diese Logos, die ansprechend, aber völlig bedeutungslos sind, suchen Sie sich eins aus, dann sind wir alle zufrieden.

9 SKLAVEREI IST FREIHEIT – NICHT LIEBEN ZU MÜSSEN

Freiwillige Sklaven haben in der Regel mehr Angst vor der Flucht als vor ihrem Gefängnis. Sie verteidigen ihr Gefängnis darum mit bestem Gewissen – solange das Gehalt pünktlich auf das Konto der Sklaven geht und der fünfwöchige Ausgang unangetastet bleibt, darf sich das Gefängnis alles erlauben, darf sich demnach auch anderswo so viele Sklaven halten, wie es will. Selbst Sklaven, die wenig bis nichts von dieser Gefängnisphilosophie halten, sind meist zu Zugeständnissen bereit. Das ideale Gefängnis, so sagen sie sich, gibt es eben nicht. Außerdem, sie haben Familie, ein großes Auto, eine schöne Wohnung oder ein kleines Häuschen am Land – das alles verschluckt aufs Jahr hochgerechnet Unsummen. Gefängnis ist also Gefängnis, Hauptsache eines, in dem es sich aushalten lässt, sitzt man doch mehr Zeit dort als bei der Familie, auf die man sich eben noch hinausgeredet hat. Eine Familie zu haben ist schön, eine Familie zu haben ist praktisch: mit einer Familie zuhause muss man keine neuen Wege einschlagen und keine Risiken mehr eingehen, muss sich um die Welt da draußen nicht mehr kümmern, deren Probleme nicht auch noch mit neuen Augen sehen. Das Gefängnis aber muss man verteidigen, weil es das Haus, das Auto, die Familie erhält, und – natürlich –

das Land, auf dem das Gefängnis steht.

Unfreiwillige Sklaven haben mehr Angst vor dem Gefängnis als vor der Flucht. Die Gefängnisse, die auf die meisten unfreiwilligen Sklaven warten, sind real und wo die Flucht ein Wagnis auf Leben und Tod bedeutet, ist die Metapher am Ende. Und doch gibt es auch ganze Länder, die wie Gefängnisse sind, weil auch Armut nichts anderes als kein Hinauskommen ist, und dies, weil die reichsten Gefängnisse der Welt sich an ihnen bereichern, um wiederum freiwillige Sklaven allerorts mit immer Neuem, noch Besserem, Schönerem, das Leben Erleichterndem zu versehen, und so helfen die freiwilligen Sklaven dabei mit. Erfüllungsgehilfen ist es nicht um ihre eigene Erfüllung zu tun, sie haben gelernt, dass es nur Glück gibt, das man sich kaufen kann, kaufen muss, dass das gekaufte Glück für die Zeit im Gefängnis ein wenig entschädigt, der Balsam für die Seele ist, die doch immer etwas ganz anderes mit einem vorgehabt hat, das ihr so viel eher entspricht – jedoch, das ist lange her. Also nicht zurückschauen und auch nicht zu weit hinaus in die Welt, es ist jetzt keine Zeit, das gekaufte Glück zu hinterfragen, es sind Tausende von Gefängnissen zu verteidigen im Jetzt, und – das Land, auf dem sie stehen. Vor Millionen unfreiwilligen Sklaven, versteht sich, die aus ihren Ländern fliehen. Da macht man sie doch besser gleich zu Dieben, und weist, wo man kann, auf die eigene Armut hin: Das Häuschen am Land, das Unsummen verschlingt, die kleine Sammlung an neuester Technik, mit der doch beileibe noch kein Luxus beginnt, das Auto, das in die Werkstatt muss, nicht zu sprechen vom sündteuren Benzin. Zurück also mit euch, woher ihr gekommen seid, sagen die reichen Sklaven, hier findet ihr nichts, wir sind bitterarm. – Wer unfrei ist, will, dass immer noch einer unfreier ist als er. Das hilft ihm dabei, zu vergessen, wer es ist, der ihn selbst gefangen hält. Und wer es ist, der sich gefangen halten lässt.

10 SKLAVEREI IST FREIHEIT – NICHT DENKEN ZU MÜSSEN

Liebe, auch Menschlichkeit, Stärke, Würde genannt, ist schlecht fürs Geld, der Verstand dagegen eine Gefahr, mit der es sich umgehen lässt. Das bedarf meist nur der „richtigen" Fakten. Man könnte also sagen, dass das mit dem Verstand wie mit den Glühbirnen ist, die man manipulieren kann, damit sie nicht lange halten, nicht viel länger jedenfalls als unbedingt nötig erscheint. Von da an übernehmen Zeitungen, Zeitschriften, das Internet, das Denken für ihn. Nicht allen Sklaven fällt es sonderlich auf: Sie sind erschöpft, kehren immer später aus ihren Gefängnissen heim, schlafen schlecht, stehen frühmorgens so ermüdet, wie sie abends das Bett aufgesucht haben, wieder auf. Sklaven wissen, dass man selbst in Gefängnissen, die sich ihrer Kreativität rühmen, mit dem Denken besser gar nicht erst beginnt. Was sie dennoch zu denken haben, denkt sich aufgrund der Routine ohnehin von selbst. Sklaven sollen arbeiten, das Denken hält vom Arbeiten ab, verlangsamt jedes Tun, bringt jede Aktion, wenn es zu weit vorangetrieben wird, zum Stillstand und damit die gesamte Produktivität zu Fall. Sklaven sind nicht dumm, sie sind müde, und wer erschöpft ist, stellt keine Fragen.

II SKLAVEREI IST FREIHEIT – SEIN LEBEN ZU VERSCHWENDEN

Sklaven hatten Träume. Ursprüngliche, echte Träume, die man daran erkennt: Man träumt sie ohne Angst. Sklaven hatten Pläne. Pläne, die man daran erkennt: Man schmiedet sie still für sich. Sklaven hatten Hoffnung. Hoffnung, die man an etwas festmachen kann, das real ist, und zugleich doch auch immer festmachen muss in der Fantasie. Sklaven haben immer noch Träume, doch sie träumen sie voller Angst.

Sklaverei ist Freiheit –
gut zu leben
sich zu kaufen was man braucht
sich immer mehr zu kaufen als man braucht
in den Urlaub zu fahren wohin man will
sich nicht zu schämen
sich selbst Sklaven zu halten
sich für das Halten von Sklaven nicht zu schämen
sich unverschämt über alle zu stellen
nicht lieben zu müssen
nicht denken zu müssen
sein Leben zu verschwenden

Seit ich keine Sklavin mehr bin, bin ich frei, nach meinen Überzeugungen zu handeln, bin ich frei, nur mir selbst zu gehorchen, bin ich frei – unfrei zu sein.

Morgen werde ich mein Sparschwein mit den Geschichten darin schlachten gehen. Freiheit ist Sklaverei.

Quellen

Light Bulb Conspiracy - The untold story of planned obsolescence (Deutscher Titel: Kaufen für die Müllhalde), Frankreich/Spanien, 2010.

http://www.umweltbundesamt.de/presse/presseinformationen/faktencheck-obsoleszenz

„Der Anteil der Geräte, die aufgrund eines Defektes schon innerhalb von fünf Jahren ersetzt werden mussten, ist zwischen 2004 und 2012 von 3,5 Prozent auf 8,3 Prozent auffallend stark gestiegen." (Dies – entnommen einer Studie des deutschen Umweltbundesamtes – betrifft große Haushaltsgeräte wie Kühlschränke und Waschmaschinen und wurde im Text „umgelogen" zu „um 5 Prozent gesunken".)

Kondor

Nadine Kegele

Jetzt ist schon wieder einer hinter mir her: rotbrauner Kopf, weiße Halskrause, drei Meter groß, wie immer, und auch sein Blick: zum Losrennen vor lauter Angst. Dabei sollte ich den wirklich langsam gewohnt sein, der hat bisher nicht gebissen, der wird nie beißen. Ich habe mir dennoch einen *Coffee Latte Lady Bee* geben lassen in der Coffeebar. Einen Kaffee nur für Frauen, hab ich mich gefragt. Ich meine, ich und harmoniebedürftig, weich und gebärfähig – *ich* bin zu allem fähig, zu allem. Doch in meiner Angst vor dem Geier bin ich trotzdem weg von der Straße und hinein in die Bar.

„Einen Kaffee", habe ich bestellt, nervös wie ein Blässhuhn von einem Fuß auf den anderen steigend. „Und welchen?", kam von einem moosbärtigen Baristagesicht zurück. Welchen denn, welchen denn, hat es mich in mir drin gefragt. „Den da", hat kurzentschlossen mein Arm, wie ein Zeigestock aus der Achsel schießend, entschieden für mich. Der Kaffeekünstler hat das flüssige Schwarz in einen Becher geleert und *Für Honey* draufgeschrieben. Dann hat er eine Halskrause aus Karton um den Becher gestülpt, ihm einen

Plastikhut aufgesetzt und sich herausgenommen, bei der Übergabe zu zwinkern (mit seinen Wimpern so lang, wie ich es nur von getuschten Frauen kenne, wie ich keine bin). Der hat das vielleicht nicht gesehen, der hatte für was anderes Augen im Kopf, aber ich bin keine banale Biene, ich bin eine Königin, ich bin keine Arbeitsbiene, ein Big Player bin ich, ein Hai mit Revolvergebiss: Habe ich zugebissen, lade ich nach. Ein Hai, der zahnlose Fische schluckt, als Corporate Identity – wir von *Optimize* identifizieren uns damit sehr.

Ich balanciere den Becher an seiner Kartonkrause zum Bahnsteig C, wo der *Opti Main Train sponsored by Optimize* mich für die nächsten vier Stunden in mein Appartement fährt. Wir von *Optimize* sagen: „Kein Ballast!" Und so halte ich es auch in meinem Privatleben. Kein Bett, kein Tisch, kein Flat Screen mit Computeranschluss wären mir noch lieber, doch das und meine Putzfrau müssen sein. „Wir sind nicht nur Player, wir sind auch Winner – und nehmen Sie beim Gewinnen gerne mit", sagen wir von *Optimize* außerdem. Und angefangen wird beim Abstoßen. Vom überflüssigen Mitarbeiter bis zur unrentablen Filiale. Man darf nicht immer in Menschen denken. Der größte wirtschaftliche Fehler ist es, in Menschen zu denken. In Zahlen denken muss man, in Zahlen, in Stück. Allein Zahlen sind ausreichend objektiv. Bei natürlicher Auslese hilft keine Sentimentalität und kein Schuldenschnitt, das Zauberwort ist Eigen- und Verantwortung.

Die Kartonkrause am Becher in meiner Hand lässt mich nach oben schielen. Ich schiele, ich schaue nicht, das gestehe ich diesem Geier nicht zu. Doch wir von *Optimize* lieben das Risiko und hassen die Angst. Es rettet uns kein höheres Wesen, selbst erretten müssen wir uns – und mit unserem Geld die Banken. Die Banken gehen Risiken ein für die Allgemeinheit, die Banken trauen sich noch was. Ich traue mich nicht, ich schiele – weil der Geier glotzend seine Kreise über mir zieht. Seine Zungen- und Schnabelbewegungen, sein Luftausstoßen, sein Klappern mit den Kiefern, und wie sein Oberschnabel auf den Unterschnabel fällt. Seit Wochen schiele ich von unten auf seine Schwingen und kann das Geräusch segelnder Flügel rauschen hören an meinem Ohr. Ich weiß nicht, was es ist, der Bettler, der über den Spikes des Dachvorsprungs liegt, oder die Mutter mit faustgroßen Augenhöhlen und kreidegesichtigen Kindern wie Schreckgespenster an jeder Hand. Doch ich erinnere mich, dass das Austarieren von Risiko meine bezahlte Arbeit ist. Also fährt mein Kopf Stück für Stück aus dem Mantelkragen hoch und reckt sich voll Risikofreude ihm entgegen.

Er ist Aasfresser, ich habe mich informiert. Information ist mein Geschäft. Aas frisst er. Der Truthahngeier zum Beispiel tötet auch wehrlose Beute, vor allem kleine oder sehr junge Tiere, Echsen oder Jungvögel in ihrem Nest. Der Rabengeier sucht Strände nach geschlüpften Schildkröten ab. Auch wird er beschuldigt, neugeborene Lämmer und Kälber zu attackieren, aber wahrscheinlicher ist, dass er bei gebärendem Vieh auf die Nachgeburt wartet (denn vor allem frisst er Muskelfleisch und Eingeweide). Einzig die zwei Kondor-Arten sind in der Lage, die Haut von großen Kadavern aufzureißen. Aber stirbt nichts, müssen auch sie ihr Futter selber umbringen. So kann es vorkommen, dass ein Kondor versucht, seine Beute (Schafe, Kühe und Bergziegen) durch heftigen Flügelschlag zum Absturz zu bringen – was wie ein Unfall aussehen wird, und von diesem Unfall ist er lange satt.

Der volle Becher in meiner Hand bewahrt mich vor schweißnassem Schritt. Wer schwitzt, hat Angst. Wer Angst hat, läuft ums Leben. Wir von *Optimize* hassen Angst und lieben das Risiko. Als der Geier auf dem Weg vom Office zum letzten *Opti Main Train sponsored by Optimize* das erste Mal über mir kreiste, war ich verblüfft, war direkt begeistert von seinem fokussierten Flug. Aber dann kam die Angst – und ich schlug mir mit der Gerte an den Rücken. Das mache ich oft. Das hilft immer. Sich in Gedanken mit einer Gerte an den eigenen Rücken schlagen und schlagen und schlagen. Außerdem trete ich beim Betriebsrat, diesem Relikt aus einer risikoscheuen Zeit, und zwar vehement trete ich ein, dass allen mehr und noch mehr zugetraut wird. Stress können alle. Stress macht Spaß. Nur den Stress, einen hungrigen Aasgeier über sich kreisen zu wissen, den wünsche ich niemandem.

Unter anderen Umständen heißt meine Devise kein Kaffee ab zehn, damit ich um zwei die Augen zu kriege nach dem letzten Börsenkurs-Check und auf kriege um sechs für den ersten Börsenkurs-Check. Für Risikoprüfungen muss man die Kurse kennen, aktuell und ungeschönt, damit wir von *Optimize* sie gegebenenfalls beschönigen können. Partout würde ich auf meinen Schlaf verzichten, ich habe auch schon alles probiert: Koffein, Zahnstocher, Koks. Irgendwann fallen einem ja doch die Augen zu, weil Augen Verräter sind. Körperschikane, wenn man mich fragt, aber ich komm der Schikane zuvor. Vier Stunden, sage ich, wenn ich den Kopf auf das harte Kissen drücke, vier Stunden gebe ich dir. Ich meine: vier!

Wir *können* nicht genug. Wir können nicht genug *mithalten*, wir *müssen* uns optimieren, doch da fühlt sich wie immer keiner zuständig dafür. Keine Augenklinik, kein Hirn- und kein Forschungslabor. Wir können doch nicht alles selber machen! Ich meine, Ruhephase, Bildschirmpause, Arbeitnehmerschutz, ArbeitnehmerInnenschutz, dass ich nicht lache! Händchenhalten für Verlierer ist das. Und ich habe kein Verständnis dafür. Prekariat, Burnout, Benachteiligung – papperlapapp: Verantwortungsverweigerung! Eine Verweigerung der Eigenverantwortung ist das, und das liegt auf der Hand!

Ich kann seinen gefräßigen Schnabel von hier unten sehen. Ich drehe bloß meine Pupillen, ich drehe nicht meinen Kopf. Nicht erkennen darf er, dass ich mich umsehe nach ihm, mit seiner weißen Halskrause, dem wulstigen Kamm, und bis zu drei Meter groß, immer. Weibchen sind meist kleiner, doch sie gleichen dem Männchen in ihrer Färbung, in der Gefiederfarbe gleichen sie ihm. Diese Gleichung ist ausbaufähig, behaupte ich.

Ich zum Beispiel habe mir die Gebärmutter entfernen lassen. Für einen Risk Analyst wie mich ist eine Gebärmutter ein verschwendetes, ja ein schädliches Stück Fleisch: Auf Latein Uterus, auf Griechisch Hystera. Sofort denkt man sich unter Frauen eine Hysterie zurecht. Und so habe ich mich einer Hysterektomie unterzogen (um mir selbst zu glauben, dass ich keine bin). Man denkt sich mich in Pastellmetaphern, dabei bin ich eine Königin, nein, ein König bin ich – und als König ein Hai. *New Business Development* habe ich in den mit dem Office verknüpften Time Table getippt – und Business Class in die Stadt der größten Haie gebucht.

Es gibt drei Arten, die Hystera unters Messer zu legen: Die abdominale, die vaginale und die laparoskopische Hysterektomie. Durch den Bauch, über die Scheide und über die Scheide mittels Schlüsselloch-Chirurgie. Etwas mit Schlüssel schien mir am geheimsten.

„But your husband should be included", meldete der Arzt seine Bedenken an, „family planning", wenn schon nicht medizinisch indiziert, „you know", zwinkerte, „birth control." Ich weiß nicht, was das immer mit diesem Zwinkern ist, dachte ich (erniedrigt in die Steigbügel aufgespannt). Und: He put the Mutter in

Gebärmutter, dachte ich benebelt (von der Erniedrigung) danach. Erst als er seine Hand wieder zwischen meinen Lippen hervorholte, wuchs mir wieder ein Mund: „My husband", platzte es aus mir heraus, „my husband", rief ich in das englische Gesicht hinauf, „I don't want a child!" Doch weil ich über Geld verfüge und mittels Geld über Macht, riss mir der Arzt die Hysterie auch ohne Uterusprolaps, Uterus myomatosus, Zervixkarzinom, Endometriose oder Erlaubnis des pater familias durch den Bauch heraus. Anschließend legte ich noch was drauf, um die Hysterie mit nach Hause nehmen zu dürfen, eingerext fürs Regal.

„Bei einer laparoskopischen Hysterektomie", erklärte ich, „wird", und hielt meinen Zeigefinger vor meinen Mund, „die gesamte Operation mittels winzigster Instrumente durch die Bauchdecke durchgeführt." Dass die vaginale Hysterektomie eine Methode ist über wie der Name schon sagt, sagte ich dem Assistant des Head of nicht. Der sollte durch die stille Post zu Ohren bekommen, dass ich nun keine Frau mehr bin. Dass ich offiziell einer von ihnen bin. Dass sie mir alles anvertrauen können, verlässlich wie einem Mann. Denn ich will Handschlagqualität, ich will Management-Ebene, meinen Kopf durch die gläserne Decke brechen will ich und meine Nase dorthin hochstemmen, wo die Luft wie Esspapier dünn ist, seidenpapierdünn.

Und niemals sich bloßstellen. Und niemals sich jemandem zeigen. Und niemals jemandem zeigen, dass man eigentlich bloß auf und davon rennen will vor lauter Angst. Der Becher Kaffee in meiner Hand bewerkstelligt, dass ich nicht davonrennen kann. Nein, ich habe keine Angst vor dem Geier über mir. Ich werde den Becher nach Hause tragen. Ich werde den Becher vor Milkas Zimmertür stellen. Einszweidrei Mal klopfen werde ich, damit Milka ihn sieht. Milka kann Geschenke nicht ausschlagen. Und wenn Milka nicht schlafen kann, putzt sie. Und fürs Putzen wird sie schließlich bezahlt.

Ich kann sehr wenig schlafen. Das kann nicht jeder. Schlafen wird überschätzt. Vier Stunden pro Tag reichen aus für eine Größe wie meine. Das ist bereits der einzige Vorteil, den ich habe von meinem Zwergenwuchs: Kleiner Körper, kleiner Schlaf. Großer Körper, größerer Schlaf. Doch selbst das rede ich mir ein, damit mein Metermanko mir nicht den Elan nimmt, den ich benötige für diesen Job. Den Elan, den ich benötige für meine ausgeprägten analytischen Fähigkeiten, die mich in die Position setzen, zu optimieren und liquidieren.

Um diesen Elan auch optisch zu demonstrieren, wird mein nächstes Projekt ein zunächst privates sein, das sich in weiterer Folge auch geschäftlich nutzbar machen lässt. Kein erotisches Abziehbild meine ich, sondern Beine, die mir Stelzen sind. Stelzen auf einer Karriereleiter, auf der Männer höher steigen als ich – die zwar auch einer ist, dem es aber keiner ansieht, weil die Insignien fehlen: ein zwischen weich *und* hart changierendes Geschlecht, Bart, Bass und imposanter Wuchs. Bei kleinen Geiern, also der Klasse der Arbeiter und niederen Angestellten, existiert kein Geschlechtsdimorphismus (weder hinsichtlich der Größe noch der Gestalt). Nur bei Königsgeiern und dem Kalifornischen Kondor wird das Männchen um zehn Prozent größer als das Weibchen. Und der Anden-Kondor wird bis zu fünfundzwanzig Prozent größer als seine Frau.

Die Körpergröße misst man vom Boden bis zum Schopf. Die beste Methode ist, sich barfuß mit dem Rücken zur Wand zu stellen. Die Hacken stoßen an der Wand an. Nun bittet man jemanden, die Messung vorzunehmen. Ich musste Milka fragen, jemand anderen kenne ich nicht.

Als in den USA die erste elektrische Armbanduhr auf den Markt geworfen wurde und man nun mit gewöhnlicher Zeit ein Vermögen verdiente, wurde der kleinste jemals gemessene Mann der Welt geboren, der Inder Gul Mohammed, 57 Zentimeter, damit kleiner als die kleinste jemals gemessene Frau, die Niederländerin Pauline Muster, 59 Zentimeter. Ich bin so groß wie eine durchschnittliche Italienerin – und in Italien sind die Italienerinnen durchschnittlich klein. Italien kann nichts für mich tun, doch in Japan, mit seiner industrialisierten Marktwirtschaft, in der nach dem Rat von *Optimize* dereguliert und privatisiert wurde, würde ich bereits mit meinem Metermanko zu den *Big* Playern gehören. Und mit meinen gebrochenen, um fünfzehn

Zentimeter verlängerten Beinen aus Kurgan in Russland wäre ich die Allergrößte. Aus all diesen Gründen liebe ich Japan, und ich bin der Ansicht, das ist Grund genug für die Liebe. In der Liebe muss man bei vollem Verstand sein. Das aber machen die meisten falsch.

Der größte jemals gemessene Mann der Welt war der US-Amerikaner Robert Wadlow, geboren im Ersten Weltkrieg, gestorben im Zweiten, 2 Meter 72 war er groß. Die größte jemals gemessene Frau war die Niederländerin Trijntje Cornelisdochter Keever. Geboren als Shakespeare starb und gigantische 2 Meter 54 riesig. Seit ich von ihr las, bin ich außer in Japan bloß noch in sie verliebt. Cornelisdochters Vater, ein Schiffer, und Cornelisdochters Mutter, Cornelis Keevers Frau, zeigten ihr verwachsenes Gigantenmädchen für ein bisschen Geld pro Gaffer bei Jahrmärkten her, zeigten das Gigantenmädchen sogar Böhmens Winterkönig Friedrich V. und seiner Königin her, und ich würde wetten, sie haben bei der Gigantin Anblick dem Himmel gedankt, dass keines der ihren dreizehn ein solcher Mutant geworden war. Trijntjes Spitzname war De Groote Meid, denn ein Kosename war The Big Girl mit Sicherheit nicht. Wie die traurige Gigantin in einer ihr zu kleinen Welt die holländischen Grachten durchschritt, mag ich. Auch mag ich die Vorstellung, wie ich mit meinen baldigen russischen Storchenbeinen die von mir zu prüfenden Firmen durchschreiten und mit meinem Zeigefinger auf die wunden Punkte des gefährdeten Systems zeigen werde. Ein Medizinmann der Risikoprüfung werde ich sein, eine Äskulapnatter wird sich um meinen Zeigefinger schlängeln, meine alten Beine werden gebrochen sein, aber mithilfe von Metallgestellen beeindruckend langgezogen.

Bei Geiern wird zwischen alt und neu unterschieden. Der Neuweltgeier gilt als Schreitvogel, als Storchenart. Sie sind früh in der Lage, sich selber warm zu halten. Sie besuchen ihre Küken bloß wenige Minuten am Tag. Sie bauen keine Nester und sind kosmopolitisch mobil. Diese Effizienz imponiert einem wie mir. Sie sind Greifvögel, sie ergreifen Beute und die Gelegenheit. Ich fühle mich ihnen artverwandt. Auch wir von *Optimize* befreien die Wirtschaft vom Verfaulen durch unrentable Arbeitskräfte. Ein Geier bin ich, ein Aasfresser. Wie die anderen in den oberen Etagen schreite ich. Ich schreite wie ein Mann, als Weibchen hätte ich ja doch keine Chance.

Mein Risikobericht ist wahr, weil Zahlen zu trauen ist. Und die Folge dieser Wahrheit sind tausende Stück Papier. Synchron greifen die ausrangierten Arbeitskräfte nach ihrer Zimmerpflanze – Betelnusspalme, Flamingoblume, Spathiphyllum Chopin – und verlassen das Gebäude, gehen freiwillig, gehen erst einmal heim, um in Ruhe nachzudenken, um sich tagelang auf die Couch zu legen, tagelang ins Bett. Wenn sie aufstehen, nehmen sie eine Waffe und schummeln sie am Portier zu den Gewinnern vorbei. Oder sie entleiben sich, die Verlierer, selbst. Das ist unschön und ein Fall für die Polizei. Das ist schmutzig und ein Termin für die Tatortreinigung. Das ist alles, aber beileibe nicht mehr mein Problem. Meine Arbeit ist zu diesem Zeitpunkt erledigt, ist doppelt so gut erledigt, weil ich doppelt so gut sein muss, um gleich gut zu sein.

Deshalb schauen wir von *Optimize* im Jour Fixe runter auf mich. Das sehe ich genau, doch das lasse ich mir nicht gefallen. Das lasse ich mir klammheimlich nicht gefallen, während ich alle – gerade genug lächelnd, doch nicht zu viel – im Glauben lasse, sie hätten allen Grund dazu. Die Head ofs sind Altweltgeier. Altweltgeier sind sehr groß bis groß. Sie erreichen eine Flügelspannweite von bis zu drei Metern. Niemand hat solche Flügel, außer ihnen. Dann gibt es noch: den Kappengeier, den Dünnschnabelgeier, den Mönchsgeier, den Ohrengeier, den Wollkopfgeier, den Kahlkopfgeier. Alle sollen sich in Sicherheit wähnen.

Ich möchte nicht widersprechen, aber nein: Nicht selbstverständlich, sondern natürlich schenke ich dem Head of Tee nach, wenn er grinsend in meine Richtung geifert. Er trinkt ihn englisch, er wurde in der Stadt der Finanzhaie ins Becken geworfen, als er noch jung war. Das sagt er nach jedem Satz. Sagt es wie eine Liebeserklärung. Obwohl er zu Hause eine Frau sitzen hat, die ihm den silbernen Rücken freihält, sich allein um die gemeinsamen Kinder kümmert – die die einzige Legitimation für ihre Position in seinem Eigenheim sind. Wie Jahrhunderte bereits vor ihr die dreizehnfache Mutter und böhmische Königin.

„Die Stadt der Finanzhaie ist für kleine Fische nichts", sagt er und blickt zu mir. Ein Blick wie ein Pfeil. Ich weiß nicht, ob er noch immer das Weibchen in mir sieht, das alles (also doppelt so viel) gibt, um mitzuhalten – und trotz Decken, an die mein verhornter Kopf stößt, auch mithält. Oder ob er bloß das Weibchen in mir sieht, dem er ein Mal im Jahr lieber die Brüste schüttelt als die Hand. Ich drücke meine Wut am Henkel der Teekanne ruhig. Emotion ist unleistbar.

Passiere ich die Tür zum War Room, schiebt sich mein Kinn aus meinem Gesicht hinaus. Ein Türrahmen wie eine Zauberkugel. Die Maskierung geht ganz von allein. Hart und kantig lasse ich mich in den roten Polstersessel fallen. Das ist meiner, weil er in der Ecke steht. Doch Rot ist eine gute Farbe. Rot macht aggressiv. Vom Steißbein weg ziehe ich meine Wirbelsäule bis zur Decke hoch. Den Flaschenzug von oben muss man spüren. Sich groß fühlen muss man, dann ist man's auch. Auch den Stuhl setze ich als Tool für mich ein. Vom Zwerg zum König pumpe ich mich hoch. Ich pumpe lautlos, klammheimlich pumpe ich. Und Stöckel. Stöckel muss ich unter Riesen als Zwerg. Die lasse ich, bis ich meine russischen Stelzen habe, verschwinden unterm Hosenrohr. Der Saum meiner Hosenröhren putzt den Teppich gleich mit. So gesehen stünde mir das Geld der Putzfirma außerdem zu. Doch was sollte ich mir davon kaufen? Das kleinste Aktienpaket der Welt? Stecknadelkopfgroß?

Ich gehe schneller. Aus dem Loch im Plastikhut des Bechers fliegt ein Muttermal in die Luft und landet bräunlich bis braun auf meiner Hand. Ich gehe schneller. Der Geier geifert mir in den Zugschacht nach. Noch am Bahnsteig kann ich seine syrinxlosen Zungen- und Schnabelbewegungen hören, den durch schnelles, gepresstes Luftausstoßen erzeugten stummen Laut. Sein Klappern mit den Kiefern höre ich bis in den Waggon hinein. Auch wie sein Oberschnabel wieder und wieder auf den Unterschnabel fällt.

Wir von *Optimize* kennen keine Angst, doch nun ist mir vom Laufen heiß und ich zittere, wie ein Blässhuhn zittere ich. Erschöpft lasse ich mich in die Plastikschale des *Opti Main Train sponsored by* sinken. Und lasse den Becher los. Stelle ihn wie einen sehr kleinen Freund auf den freien Sitz. Störche, denke ich, verschaffen sich Kühlung, indem sie ihre Beine mit ihren Ausscheidungen benetzen. Ich bin kein Neuweltgeier – ich bin ein Blässhuhn, ein Storch.

Als ich noch klein war und klein gut war, habe ich keinen Geier gesehen, aber jeden Tag meinen Freund den Herrn Bär. Herr Bär trug die Kleidung, die ich getragen hatte, als ich noch kleiner war als er, also ein Wurm. In einem Puppenwagen fuhr ich ihn im Garten spazieren. Bevor die Schnecken, die für eine eigenmächtige Rettung zu langsam waren, von meiner Großmutter entzwei geschnitten wurden, sammelte ich sie auf der Fußlehne unter Herrn Bärs Tatzen und so fuhren wir gemeinsam aus dem unsicheren Garten hinaus.

Doch damals dachte ich noch, der DAX sei ein Tier. Heute lache ich. Ich lache, als ich an Milkas Tür vorbei für vier Stunden in das Appartement gehe. Ich lache, als ich Milka den Becher vor die Tür stelle, der mich für heute Nacht noch gerettet hat. Ich lache, als ich im Glas im Regal die Hysterie in Formaldehyd schwimmen sehe. Und als ich mich erinnere, dass in Milkas Regal meine alten Avocado-Kerne stehen, die sie sich nach meinem Frühstück aus dem Müll klaubt, lache ich auch. Als züchtete sie in Wassergläsern Bomben. Und wundern würde es mich nicht. Bei denen wachsen die Bomben doch vor der Tür. Zumindest vor Jahren sind sie es noch. Da soll mir noch einer sagen, dass man das so schnell verlernt. Noch nie habe ich Milka zu hundert Prozent vertraut. Putzfrauen sollte man gar nicht vertrauen, Putzfrauen wissen zu viel. Wer zu viel weiß, wird ausgetauscht, muss weg. Zum Glück habe ich Milka nie angemeldet. Milka heißt eigentlich Miro-, Miros-, Miroslava – doch das merke ich mir nicht. Also habe ich gesagt: „Miroslava, ich sage einfach Milka zu dir."

Zom_Be

Harald Darer

Bleib zu Hause, geh zum Arzt, hat sie gesagt, denkt er sich. Ich bleib zu Hause, geh nicht zum Arzt. Krankmeldung brauche ich erst ab dem zweiten Krankenstandstag, morgen wirds schon wieder gehen, denkt er. Geh zum Arzt, hat sie gesagt. Natürlich geh ich nicht zum Arzt. Die mutmaßlichen Gesundmacher. Willst du krank werden, geh zum Arzt. Willst du dich verstümmeln lassen, geh zur Vorsorgeuntersuchung, *zur Gesundheitsverhütung, wie meine Oma sagt,* das weiß doch jeder, undsoweiter. Ich bin ein Harnabgabemensch, sagt sie, was sie gegeben hat ist weg, sagt sie. Der Rest wird durch den Schmetterling gezogen. Ohne mich. Brauche keine Lebensverlängerer. Ab vierzig geht's los mit den Zipperlein, ist halt so. Meine Oma sagt: Ihr werdet euch noch wundern, was euch im Alter noch alles aus dem Körper herauswachsen wird, denkt er.

Acht Uhr, jetzt stauen sich gerade alle in die Arbeit. Ich heute nicht, denkt er. Ein volkswirtschaftlicher Personenschaden, wenn auch nur für einen Tag. Die

Summe macht's, die Masse! Schön. Aber was tun?, denkt er sich. Zum Glück gibt's Internet. Als Jugendlicher blieb einem bei Krankheit ja nur eins übrig: Sich mit Onanie die Zeit zu vertreiben. Einmal brachte ich es an einem Tag auf dreißig Ejakulationen, schreibt er. Zum Schluss kamen nur noch Bläschen. Ich weiß das noch so genau, weil ich zur Mitschrift neige. Ich hab schon immer alles auf-, mit- und niedergeschrieben. So bleibt das Leben sichtbarer, denk ich mir, schreibt er. Ich setze mich zum Computer. Gegenüber lehnt einer aus dem Fenster. Ich tippe die URL einer bekannten Tageszeitung ein.

Um acht Uhr dreißig, schreibt er, lese ich auf dem sogenannten Liveticker der Tageszeitung:
Sensation!, Gewürzschinken gebraten statt sieben Euro neunundneunzig um nur drei Euro neunundneunzig.
Asylantenfamilie in aller *Herrgottsfrühe* abgeschoben.
Recht muss Recht bleiben.

Ich, schreibt er, schreibe auf:
Integration und Anpassung gilt dann als gelungen, wenn die Ausländer freiwillig in die Inländerhundescheiße treten.

Um neun Uhr, schreibt er, öffnet sich beim Surfen im Internet ein Fenster:
Fuck me in Preinsfeld.

Daneben erscheint wie immer eine Werbung über klassische Halbschuhe, weil ich einmal vor einem Jahr in eine Suchmaschine den Suchbegriff *Klassische Halbschuhe* eingegeben habe. In meinem Postkasten befindet sich regelmäßig Reklamematerial mit der Aufschrift *Klassische Halbschuhe für Sie zu unschlagbar günstigen Preisen!* Die Verkäuferinnen in den Herrenschuhabteilungen grüßen mich wie einen alten Bekannten. Als Stofftiere verkleidete Studenten drücken mir in der Fußgängerzone Werbeflyer für *klassische Halbschuhe* in die Hand. Bei dem Anblick von klassischen Halbschuhen bekomme ich Beklemmungszustände. Das sind Panikattacken, sagt sie. Geh zum Arzt, sagt sie. Ich gehe natürlich nicht zum Arzt, schreibt er.

Um neun Uhr dreißig lese ich die Schlagzeile auf der Homepage einer Tageszeitung:
Wachstum an Freiheit muss einem was wert sein.
Kostet es zehn Euro pro Liter, kostet es das eben.
Wachstum der Weltwirtschaft muss einem was wert sein. Frieden ist ein Ölfertigprodukt, schreibt er, und: Friedlicher Widerstand kann tödlich enden.

In das Feld der Suchfunktion. Schreibt er, schreibe ich das Wort: Krieg.

Ergebnis:
Zehntausend Artikel entsprechen Ihrer Suche.

Ich, schreibt er, schreibe auf (Auswahl):
Erster Weltkrieg, Zweiter Weltkrieg, Bürgerkrieg, Irakkrieg, Kalter Krieg, Golfkrieg, Libanonkrieg, Vietnamkrieg, Kleinkrieg, Kosovokrieg, Preiskrieg, Nervenkrieg, Rosenkrieg, Guerillakrieg, Atomkrieg, Angriffskrieg, Bombenkrieg, Sechstagekrieg, Dreißigjähriger Krieg, Algerienkrieg, Heiliger Krieg, Glaubenskrieg, Bosnienkrieg, Luftkrieg, Unabhängigkeitskrieg, Blitzkrieg, Vernichtungskrieg, Scheidungskrieg, Nahostkrieg, Balkankrieg, Handelskrieg, Stellvertreterkrieg, Koreakrieg, Papierkrieg, Bandenkrieg, Bruderkrieg, Afghanistankrieg, Religionskrieg, Tschetschenienkrieg, Stellungskrieg.

Und, schreibe ich weiter, schreibt er: Ich krieg fast keine Luft mehr.

Der Gegenüber lehnt noch immer aus dem Fenster.
Ich nenne ihn den *Lehner*.
Ich schreibe auf: Der Lehner beobachtet mich.

Um zwölf Uhr Mittag, schreibt er, lese ich auf dem Liveticker der Tageszeitung:
Tempo, Kraft und Spaß!
ÜBERALL fernsehen!
ÜBERALL telefonieren!
ÜBERALL surfen!
ÜBERALL lebendiger um neunzehn Euro neunundneunzig!

Darunter blinkt eine Werbeeinschaltung für Konsumentenschutz – ich, schreibt er, lese: *Konsumentenschmutz* –, und ein automatischer Werbefilm der mir die Vorzüge der Kapselkaffeemaschine schmackhaft zu machen versucht.
Im Forum, schreibt er, lese ich:
Wer sind die glücklichsten Menschen die es gibt? Wir! Wir Kapselkaffeemaschinenkaffeetrinker sind die glücklichsten Menschen, die es gibt! Wer hätte das gedacht! Das Glück der Menschen passt in eine Kaffeekapsel hinein! Die Kapselkaffeemaschine ist der Glückstransformator, der Wirtschaftsmotor, der Wohlstandsindikator, an dem wir unser Glück messen können! Ist das nicht fantastisch? Kapselkaffeemaschinenkaffe trinken ist ein internationales Menschenrecht, auf zum letzten Gefecht, es lebe die Solitärität!

Um zwölf Uhr fünfundvierzig, schreibt er, schließe ich das Fenster. Der Lehner winkt mir zu, ich nicke in seine Richtung. Er sieht schlecht aus.

Um dreizehn Uhr schreibe ich in das Feld der Suchfunktion der Homepage der Tageszeitung das Wort: Krebs.

Ergebnis:
Tausend Artikel entsprechen Ihrer Suche.

Ich sortiere alphabetisch und schreibe auf:

Analkrebs, Augenkrebs, Bauchspeicheldrüsenkrebs, Blasenkrebs, Brustkrebs, Darmkrebs, Eierstockkrebs, Gallenblasenkrebs, Gebärmutterkrebs, Harnröhrenkrebs, Hautkrebs, Hodenkrebs, Kehlkopfkrebs, Knochenkrebs, Leberkrebs, Lungenkrebs, Lymphdrüsenkrebs, Magenkrebs, Nierenkrebs, Peniskrebs, Prostatakrebs, Scheidenkrebs, Schilddrüsenkrebs, Speiseröhrenkrebs, Zungenkrebs.

Ich, schreibt er, bin im Sternzeichen Krebs.
Unter dem Ergebnis lese ich in einem Posting:

Alles, was ich esse, schmeckt nach Plastik. Ich esse Teflon-Nudeln und Gummi-Knödel, PVC-Erdäpfel und Viton-Reis, Silikon-Schnitzel und Styropor-Salat. Meine Haut sieht aus wie ein Tiefkühlbeutel. Ich bin der Unverwesbare.
Mein Aussehen ähnelt einer gemeinen Schlange, einer Scheißwurze, einer Nacktschnecke mit Stielaugen. Meine Erinnerungen sind eindemenziert. Leben oder *Über*leben oder aufhören zu leben: Ein durchlöcherter Suppenschöpfer, vielleicht sentimental wertvoll aber im Grunde nichts anderes als nutzlos und zu nichts zu gebrauchen.

Ich stelle mir vor, der Lehner hat das geschrieben. Zwischen den zugezogenen Vorhängen glaube ich zu erkennen, dass er zu mir rüberschaut.

Um dreizehn Uhr dreißig lese ich auf dem Liveticker der Tageszeitung:
Kampf dem Terror.
Nach dem Terroranschlag vom elften September, lese ich unter anderem, schreibt er, setzte die größte Rundfunkanstalt des Landes textlich mutmaßlich fragwürdige Lieder auf den sogenannten Index.
Hier, schreibe ich weiter auf, eine Auswahl der Lieder:
Louis Armstrong „What a Wonderful World"
The Animals „We Gotta Get Out of This Place"
Barenaked Ladies „Falling for the First Time"
Bush „Speed Kills"
Phil Collins „In the Air Tonight"
Norman Greenbaum „Spirit in the Sky"
Elton John „Rocket Man"
Jerry Lee Lewis „Great Balls of Fire"
Dave Matthews Band „Crash into Me"
Savage Garden „Crash and Burn"
Talking Heads „Burning Down the House"
Bruce Springsteen „I'm on Fire"
Van Halen „Jump"

Um vierzehn Uhr denke ich mir, was macht der Lehner den ganzen Tag?

Um vierzehn Uhr dreißig lese ich im Panoramateil der Tageszeitung:

Grausiger Fund. Spaziergänger entdecken zerstückelte Leiche in Waldstück.
Gewaltdelikt vermutet.
Polizist saß zwanzig Minuten auf Tierschützer.
Die Biene stirbt.

Darunter lese ich Kundenbewertungen zu klassischen Halbschuhen.
Ich, schreibt er, schreibe auf (Auswahl):
Absolutes Spitzenprodukt! Vielseitig verwendbar! Uneingeschränkte Kaufempfehlung! Kaufe gleich noch ein Paar! Absolut passgenau, stylish und funktionell! Ein Top-Produkt zu einem super Preis-Leistungsverhältnis! Einfach nur geil diese Halbschuhe, bin froh diese Halbschuhe gekauft zu haben, werde noch ein Paar dieser Halbschuhe kaufen! Diese Halbschuhe sind wirklich sehr gut, habe im letzten Jahr schon ein Paar gekauft und jetzt wieder ein Paar bestellt! Halbschuhe anziehen und Wohlfühlen! Sehr gute Halbschuhe, kaufe mir gleich wieder ein Paar! Einfach klassisch, diese Halbschuhe!

Bei dem Anblick der klassischen Halbschuhe bekomme ich Beklemmungszustände.

Um vierzehn Uhr dreißig lese ich auf dem Liveticker der Tageszeitung:
Um ihre tatsächliche Homosexualität zu testen, werden Asylwerbern heterosexuelle pornographische Dar-

stellungen gezeigt und dabei die Durchblutung der Geschlechtsteile gemessen.
Ich, schreibt er, lese weiter:
An alle Gutmenschen hier im Forum: Wie bitteschön soll man denn sonst einen schwulen von einem normalen Asylsimulanten unterscheiden? Wo die doch alles tun würden um zu uns hereinzukommen? Die hauen sowieso alle ab, von wo immer sie auch her sind, nur weil ihnen vielleicht *einmal* ein Panzer in die Siedlung geschossen hat. Können ja abhauen wohin sie wollen, solange sie sich nicht zu uns hauen.

Auf einem aufgepoppten Pop-up lese ich:
Internieren// statt// integrieren!
Unsern Leuten graust// vorm Parkplatzholocaust!

Ich denke mir:
Solitärität statt Solidarität?
Die Anrainer wollen nicht belästigt, die Asylwerbeakademie wo anders eröffnet werden, weil, da könnte ja jeder –.

Ich, schreibt er, lese weiter:
Dein Reich komme! Die Negerkinder ersaufen besser vor Lampedusa als im Zuge von Einbruchversuchen in den Swimmingpools unserer Kleingartensiedlungen. Sonst kippen die Wirtschaft und das Poolwasser.

Ich lese weiter:
Die Demokratie muss das aushalten!

Ich denke mir, schreibt er:
Von mir aus gerne, aber wie man in die Demokratie hineinschreit, so kommt es zurück. Die Sprache wird mir verdorben, verhunzt, verleidet. Die Sprach- und Sprechprogrammierer, politischen Redenschreiber, rhetorischen Agitatoren und mutmaßlichen Medienprofis sind die Sprachmassakrierer, Flachmacher und Betonierer. Was ich höre und lese sind Sprachpalatschinken. Sprachmissbrauch, der unnötigste Sprachgebrauch überhaupt, wird im großen Stil betrieben. Die mutmaßlichen professionellen Redner und Leistungsträger wickeln mich ein mit ihren Sprach- und Sprechpalatschinken. Es ist, als würde jemand auf offener Straße ein Mädchen vergewaltigen und mich später davon überzeugen wollen, dass es sich dabei lediglich um eine gynäkologische Erstuntersuchung gehandelt hat.

Um fünfzehn Uhr, schreibt er, läutet das Telefon. Sie. Ich bin, sagt sie, aufgrund einer Thrombose der Schwiegermutter der Einladung zum Selchfleischessen im Dorf entkommen. Ihr gegenüber täusche ich Enttäuschung vor.

Ich denke mir:
Wir sind die positivsten negativen Menschen, die es gibt. Solange die Stoffwechselendprodukte unseren Körper ungehindert verlassen können, ist das Leben schön.

Um fünfzehn Uhr dreißig lese ich im Innenpolitikressort der Tageszeitung über Lohnnebenkosten, auszugleichende Bilanzen und mutmaßliche Sparmaßnahmen. Über Menschen liest dort kein Mensch mehr was. Um sich die Menschen leisten zu können, wird konstatiert: Arbeit macht high!
Ich mache einen überschlagsmäßigen Kassasturz:
Sozialversicherung
Krankenversicherung
Unfallversicherung
Lebensversicherung
Sterbeversicherung
KFZ-Versicherung
Haushaltsversicherung
Rechtschutzversicherung
Fondsversicherung
Hundeversicherung
Hundefutter
Lohnnebenkosten
Internet
Fernsehen
Telefonie
Zinsen
Lebensmittel, Wohnung, Kinder, Bankenrettung
Körperverwertung

Um sechzehn Uhr denke ich mir, schreibt er, wird sie gerade ihren Computer herunterfahren. Es wird regnen, sie wird ihren Schirm im Auto vergessen haben.

Das Auto wird zehn Minuten zu Fuß vom Büro entfernt sein, weil sie in der Früh zu spät dran gewesen sein wird. Sie wird durchnässt sein, sie wird zornig werden. Sie wird ihren Zorn loswerden wollen. Sie wird ihren Zorn an mir loswerden wollen, weil ich der erste bin, den sie sehen werden wird. Sie wird die Tür aufsperren. Sie wird ihre Tasche und den Schlüssel auf die Vorzimmerbank schmeißen, ihre klitschnassen Ballerina-Halbschuhe wird sie bis ins Wohnzimmer hinein treten, dabei vorwurfsvoll stöhnend. Sie wird mich am Wohnzimmertisch sitzen sehen. Sie wird mich schreiben sehen.

Was hast du den ganzen Tag gemacht?, werde ich sie zu mir sagen hören. Ein bisschen zusammenräumen hättest du schon – der Müll steht auch noch vor der Tür und das Bett?, natürlich auch nicht, werde ich sie sagen hören, und beim Arzt?, also nicht?, da kann die Krankheit ja nicht so schlimm undsoweiter, wird sie sagen. Ich werde es vermieden gehabt haben zu onanieren, wegen dem möglichen Sex. Möglicherweise werden wir Sex haben, wenn sie nach Hause kommt, werde ich mir gedacht gehabt haben. Sie mag nicht, wenn ich onaniere, mag nicht, wenn sie, wenn ich Sex habe, nicht dabei ist. Sie würde es merken, wenn ich onaniert gehabt hätte, weil nur Bläschen kommen würden.
Selbstbefriedigung ist Selbstbetrug, würde sie bei der wie die Bläschen geplatzten Lüge sagen. Natürlich

würde es zu keinem Sex kommen werden. Ich, schreibt er, werde es bereuen, nicht onaniert zu haben, nicht auf den Link *Fuck me in Preinsfeld* geklickt zu haben. Draußen wird es bereits dunkel geworden sein, sie wird sich eine Jause hergerichtet haben.
Wenigstens eine Kleinigkeit zu essen hättest du mir vielleicht –, werde ich sie sagen hören, den ganzen Tag nichts Warmes zu essen, wo du eh den ganzen Tag undsoweiter. Werde am Tisch neben ihr sitzen und ihr beim Kauen zuhören. Werde aus dem Fenster zum Lehner hinüberschauen. Der Schatten des Lehners wird auf die geschlossen Vorhänge geworfen werden, ich werde ein Schlagschattengemälde des rauchenden Lehners sehen, mehr werde ich nie über ihn erfahren, werde ich denken, schreibt er, und, grausiger Fund, Gewaltdelikt vermutet, werde ich denken, und, der Lehner hat's gut, dem Lehner geht's besser, den anderen geht's immer besser als einem selbst, werde ich denken. Die anderen Leben kann man sich schöner ausdenken, schreibt er.

Was hast du eigentlich wirklich den ganzen Tag gemacht?, wird sie sagen, denke ich mir, schreibt er. Trödler, werde ich sie sagen hören, pervertierter Arbeitnehmerschutz, Krankenstandurlauber, das Wort *Rasenmähen* wird sie murmeln undsoweiter, schreibt er, und ich werde ihr zur Ablenkung meine, in weiser Voraussicht in meiner Mitschrift notierten Vorzüge und persönlichen Human Resources aufzählen. Geschlecht: Nein. Familienstand: Erledigt. Ausbildung: Mindestens oder höher. Berufserfahrung: Mindestens oder länger. Attraktive Gehaltsvorstellungen. Bereitschaft zum/zur vorhanden. Genauigkeit und hohes analytisches Denkvermögen. Verbreite konstruktive Atmosphäre. Diverse Sprachkenntnisse. Bin leicht zu haben, in erträglichem Maße innovativ, erfrischend traditionell, unaufdringlich exotisch, angenehm schräg, hübsch anzuschauen, sexy, trotzdem anständig und vernünftig, verkaufs- und werbefreundlich, professionell, hochglanzpoliert, gehe rein und runter wie Öl – solide Sterilität rundet mein Profil ab. Außerdem: Stehe gratis zum Download zur Verfügung. Von meinen Human Resources und mir im Generellen unbeeindruckt werde ich sie vom Tisch aufstehen und hinüber zum Kühlschrank gehen sehen und weiter ihren Text reden hören. *Und weiter im Text*, werde ich mir denken, schreibt er. Früher haben wir immer genug Marillen gehabt, werde ich sie sagen hören, vor dem offenen Kühlschrank und Gefrierfach stehend, aus dem sie die tiefgekühlte Clever-Billigtiefkühlmarillenknödelpackung herausgenommen haben wird. Aber darüber machst du dich ja nur lustig, werde ich sie sagen hören, machst die Menschen lächerlich, und ihre Ängste, die sie haben, so wie du meinen Bruder beim letzten Familienselchfleischessen lächerlich gemacht hast. Früher, hat er gesagt, womit er völlig recht gehabt hat, werde ich sie sagen hören, waren die Äste des Marillenbaums gerammelt voll mit

Marillen, genauso wie die Äste des Kirschbaums immer gerammelt voll gewesen sind mit Kirschen vor der Osterweiterung. Niemals wären wir vor der Osterweiterung auf die Idee gekommen, uns im Supermarkt Tiefkühlmarillenknödel oder Kirschkuchen zu kaufen, so berstend voll waren der Marillen- und der Kirschbaum auf der für alle österreichischen Staatsbürger zugänglichen Maurerleiter hinter dem Pfarrerfriedhof. Genauso wie der Zwetschkenbaum, aus dem die Mutter immer den köstlichen Zwetschkenfleck gebacken hat. Seit der Osterweiterung weiß ich gar nicht mehr wie ein richtiger, selbstgemachter Zwetschkenfleck überhaupt schmeckt! Früher, ja früher war bei den Bienen jeden Tag ein anderes Pollenhöschen in Mode. Vor der Osterweiterung haben sie an einem Tag ein braungelbes Pollenhöschen angehabt, am nächsten Tag ein braunes Pollenhöschen, dann ein leuchtend gelbes Pollenhöschen, je nachdem auf welches Obst sie Gusto gehabt haben, hat er gesagt, werde ich sie sagen hören. Seit der Osterweiterung haben die Bienen überhaupt keine Höschen mehr an, so wie die Ostblockschlampen, die ja seitdem nicht auf ihrer Seite der Grenze, sondern auf unserer Seite der Grenze an den Bushaltestellen stehen und die jedem, der an ihnen vorbei fährt, zeigen, *dass* sie keine anhaben. *Unsere* Obstbäume sind kahl, leergefressen von den Ostobstbanden, die darüber hergefallen sind wie Heuschrecken und es ist nur eine Frage der Zeit, hat mein Bruder gesagt – und darüber hast du dich am allermeisten lustig und ihn lächerlich gemacht, werde ich sie sagen hören, schreibt er – bis sie über *uns* herfallen. Wie er gesagt hat – und an diesem Punkt bist du in Tränen ausgebrochen vor lauter Lachen –, nämlich: Wehret den Anfängen!, womit er natürlich völlig Recht gehabt hat, aber du nichts Besseres zu tun gehabt hast als dieses Recht, dieses Staatsbürgerrecht, in einem hysterischen Lachkrampf zu ersticken!, werde ich sie sagen hören. Glaubst du wirklich, meine Mutter hat eine Thrombose?, werde ich sie sagen hören. Natürlich hat sie keine Thrombose! Das war nur ein Vorwand, um dich beim Selchfleischessen nicht dabei haben und dein entwürdigendes Gelächter bei der Schilderung der Probleme der kleinen Leute ertragen zu müssen. Meine Mutter und Thrombose, HA!, das ich nicht lache, aber zu spät, ich lache ja eh schon! Ist sie doch ihren Lebtag jeden Tag zu den Obstbäumen geradelt und hat das gesunde Obst geerntet, zubereitet und gegessen. Aber das ist jetzt vorbei. Die Ostobstbanden, Wirtschaftsflüchtlinge und Asyltouristen räubern unsere Obstbäume, verkaufen das Obst an die Lebensmittelindustrie, von der wir es wiederum um teures Geld zurückkaufen müssen, werde ich sie sagen hören, die bereits zu tropfen angefangene Clever-Billigtiefkühlmarillenknödelpackung wie einen Beweis für eine soeben aufgedeckte, große Ungerechtigkeit dabei anschauend und folgenden Satz murmelnd: *Die Biene stirbt.*

Deine Tiefkühlmarillenknödel tropfen!, wird sie mich sagen hören und vom Tisch aufstehen sehen.
Wo gehst du hin?, werde ich sie sagen hören.
Nirgends, wird sie mich sagen hören, und mich zum Computer hinübergehen sehen.
Was machst du?, werde ich sie sagen hören und sie zum Tisch zurück gehen und weiteressen sehen.
Shoppen, wird sie mich sagen hören.
Shoppen?, wird sie sagen, und in ihrer Aufgebrachtheit dabei ein Stück Käse auf ihren Teller spucken und das Käsestück schnell, als sei nichts gewesen, wieder in ihren Mund zurück stecken und weiter darauf herumkauen.
Jawohl, shoppen, werde ich sagen.
Was willst du denn heute noch shoppen?, wird sie sagen, wo du doch sowieso den ganzen Tag Zeit et cetera.
Klassische Halbschuhe zum unschlagbar günstigen Preis, werde ich sagen.
Klassische Halbschuhe zum unschlagbar günstigen Preis?, wird sie mich fragen.
So ist es, werde ich sagen, genauso ist es.

Um sechzehn Uhr fünfundvierzig, schreibt er, höre ich den Schlüssel in das Schloss fahren. Ich sehe den Lehner einen Zigarettenstummel aus dem Fenster schnippen, das Fenster schließen, und die Vorhänge zuziehen.

Vor meinen Füßen, schreibt er, landen klitschnasse Ballerinahalbschuhe.

Meine Mutter kauft sich einen Strand

Gabriele Kögl

Sie hat es mir gestern gesagt. Und als sie mich heute geweckt hat, habe ich zuerst gedacht, ich hätte es nur geträumt. Ich habe sie gefragt, ob ich es nur geträumt hätte, aber sie hat den Kopf geschüttelt und hat mir dann über den Kopf gestrichen und gemeint, dass ich wohl noch Zeit brauchen werde, um mich daran zu gewöhnen. Aber zwischen uns würde sich nichts ändern, und dann hat sie mir ein Frühstücksbrot mit Nutella ans Bett gebracht. Das kriege ich sonst nur, wenn ich krank bin, denn wenn ich gesund bin, bekomme ich Müsli oder Cornflakes zum Frühstück. Und sie bringt es mir auch nicht ans Bett. Sie macht das Frühstück sonst überhaupt nicht selber, dafür haben wir Frau Eva, die für uns kocht und wäscht und die überhaupt alle Dinge erledigt, für die meine Mutter keine Zeit hat.

Meine Mutter hat wenig Zeit. Sie teilt sich den Tag genau ein und schaut darauf, keine Minute zu verplempern. Auch bei mir kann sie es nicht leiden, wenn ich trödle oder nur in die Luft schaue. Dann erzählt sie mir immer die Geschichte von „Hans-guck-in-die-

Luft", der ins Wasser gefallen ist, weil er immer Löcher in die Luft gestarrt hat.

Meine Mutter teilt sich aber nicht nur ihre Zeit genau ein, auch beim Geld hat sie eine genaue Einteilung. Nie gebe sie es für Dinge aus, die sie nicht wirklich brauche, sagt sie. Sie trägt ihre Lieblingsjeans, bis sie fadenscheinig sind und alles, was beim Essen übrigbleibt, muss Frau Eva am nächsten Tag weiterverarbeiten. Zum Beispiel Spaghetti: wenn wir sie nicht aufessen, stellt Frau Eva sie in den Kühlschrank. Am nächsten Tag reibt sie Käse darüber und bäckt die Nudeln im Rohr noch einmal auf. Dann essen wir ein zweites Mal davon. Meine Mutter lässt auch das Licht nirgendwo unnötig brennen, und sie dreht den Wasserhahn zu, während sie sich die Zähne putzt. Sogar wenn ich mir die Hände einseife, dreht sie mir das Wasser ab, und sie dreht es erst wieder auf, wenn ich mit dem Einseifen fertig bin.

Meine Mutter sagt, das Wichtigste im Leben sei, die wesentlichen Dinge von den unwesentlichen zu unterscheiden. Sie sagt auch, dass man nicht zum Sklaven seiner kleinen Wünsche werden dürfe, sonst könne man sich die großen nie erfüllen. Alles, was sie habe, sagt meine Mutter, könne sie sich nur leisten, weil sie immer auf die kleinen Wünsche verzichtet habe. Und meine Mutter erfüllt sich am liebsten die großen Wünsche, meist jene, die so teuer sind, dass die wenigsten sich diese Wünsche erfüllen können.

Vor ein paar Tagen hat sie wieder einmal groß eingekauft. Sie hat sich einen Strand angesehen, der ihr so gut gefallen hat, dass sie ihn unbedingt haben musste. Sonst sind es eher Häuser, die meine Mutter gerne kauft, und manchmal ist auch ein Schloss dabei, aber wir wohnen in keinem Schloss, weil meine Mutter meint, dass unsere Wohnung groß genug sei, und irgendwie ist sie auch groß genug. Wir haben eine Terrasse mit Blick auf die Stadt, und ich habe das größte Zimmer von allen Kindern in der Klasse. Außerdem wohnt meine Mutter lieber in der Stadt als am Stadtrand oder auf dem Land. Aber Strände hat sie gern, und Häuser an den Stränden hat sie auch gern, besonders, wenn man von der Terrasse direkt auf den See schauen kann.

Meine Mutter hat kein Auto. In der Schule wollen sie mir das nicht glauben, weil sie doch so viel unterwegs sei. Aber sie hat wirklich keines. Nur mein Vater hat eines. Meistens bringt er mich mit dem Auto in die Schule. Und wenn mein Vater einmal nicht da ist, dann gehen wir zu Fuß, meine Mutter und ich. Sie sagt, sie gehe gerne zu Fuß, weil sie durch flottes Gehen Zeit und Geld für das Fitnesscenter spare. Sie sagt auch, dass sie kein Auto brauche. Zwei Autos in der Stadt seien eine Verschwendung, da man mit der U-Bahn oder mit der Straßenbahn überall hinfahren könne. Und wenn ein Ort öffentlich nicht gut zu erreichen sei, dann sei es immer noch günstiger, ein Taxi zu nehmen. Wenn es regnet oder sehr kalt ist, bringt mich meine Mutter mit der Straßenbahn in die Schule. Sie zwickt aber nie. Für mich nicht, aber für sich auch nicht. Wenn ich sie frage, warum sie keinen Fahrschein kaufe, dann sagt sie, dass es Geldverschwendung sei für die zwei Stationen, die wir fahren würden. Ich frage sie dann, warum wir kein Taxi nehmen, und sie meint, weil wir zur Stoßzeit mit dem Taxi länger unterwegs wären. Wenn sie einen Termin außerhalb der Stadt hat, dann nimmt meine Mutter das Auto meines Vaters, und mein Vater nimmt sich ein Taxi. Sie sagt, sie möge sich nicht um Parkplätze kümmern oder darum, ob noch genug Benzin im Tank sei. Sie wolle aber auch keinen Chauffeur haben, der den ganzen Tag auf sie warte, ihre Telefonate im Auto mithören und sie kontrollieren könne. Und eigentlich mag meine Mutter überhaupt keine Autos, weil man sich um sie kümmern müsse wie um Pferde, sagt sie, und ich habe auch kein Pferd bekommen, als ich eines wollte, weil man sich um ein Pferd ständig kümmern müsse wie um ein Auto, hat meine Mutter gesagt. Dafür kauft sie aber gerne Flughäfen und Autobahnen, oder zumindest Grundstücke, von denen sie annimmt, dass sie einmal zu Flugplätzen oder Autobahnen ausgebaut werden könnten. Dann lässt sie sich so ein Grundstück teuer abkaufen, und mit diesem Geld kauft sie dann wieder einen Strand, meistens dort, wo es noch kein Wasser gibt, aber sie lässt Löcher in die Erde graben, bis sie Wasser findet. Sie sagt, es gebe überall einen See, man müsse nur lange und tief genug graben, um den See zu finden. Den Schotter, den sie ausgraben lässt, um den See zu finden, verkauft sie dann an jene Leute, an die sie schon ihren Grund für die Autobahn verkauft hat, weil sie ihren Schotter dringend brauchen, um die Autobahn zu bauen. Und an ihren See lässt sie dann Häuser hinstellen, mit Terrasse und Veranda. Meine Mutter sagt, man müsse so bauen, wie man selber am liebsten wohnen würde, dann bekomme man gute Mieter, und gute Mieter bringen gutes Geld. Aber wir haben noch nie in einem ihrer Häuser gewohnt, und sie geht auch nie baden in einen ihrer Seen. Wenn sie Zeit hat, fährt sie am liebsten mit dem Fahrrad an die Alte Donau oder auf die Donauinsel. Dort geht sie aber nicht ins Strandbad, sie legt sich auf einen wilden Badeplatz unter die alten Weiden und sagt: In welcher Stadt gibt es das schon, dass jeder Bürger einen See hat, in den er gratis baden gehen kann.

Ich würde lieber in ein Schwimmbad gehen, wo es Liegepritschen und Umkleidekabinen gibt, und wo auch meine Freundinnen hinkommen, denn es graust mir vor den Schlingpflanzen in dem Augewässer. Meinen Freundinnen auch. Aber meine Mutter geht in kein Schwimmbad, sie sagt, so viel Eintritt würde sie nie bezahlen für das kleine Becken, das sie dort zum Schwimmen hätte, noch dazu, wo sie einen ganzen See gratis haben könne.

Mein Vater ist anders als meine Mutter. Ihm ist es egal, was etwas kostet. Er geht auch in ein Schwimmbad mit mir und er kauft mir teure Schuhe, wenn sie mir gefallen. Er selbst trägt nur Schuhe, die mit der Hand gemacht worden sind, und er lässt sich Anzüge aus englischem Stoff beim Schneider machen. Meine Schulfreundinnen sagen, dass er gar nicht zu meiner Mutter passe, die immer so praktisch daherkomme, aber mein Vater sagt, meine Mutter habe sich ihn ausgesucht, weil sie nur halb so viel auf ihr Aussehen achten müsse, wenn sie einen schönen Mann an ihrer Seite habe.

Meine Mutter gibt wenig Geld für Kleidung aus. Eine Jean oder ein Paar Schuhe trage sie mindestens fünf Jahre lang, sagte sie, und Kostüme ohne Schnick und Schnack seien immer gleich modern. Für Modefirlefanz habe sie sowieso keine Zeit. Bei den Sommerschuhen sei es wichtig, dass man immer Söckchen unter den Schuhen trage, meint sie. Denn der salzige Schweiß würde das feine Leder zersetzen, aber wenn man Unterziehsöckchen trage, halte ein Paar Sommerschuhe viele Saisonen lang. Außerdem müsse man seine alte Kleidung nur lange genug aufheben, sagt meine Mutter, dann würde sie wieder modern. Zum Glück wachse ich noch. Sonst würde meine Mutter wahrscheinlich auch meine alten Klamotten für immer und ewig aufheben. Ich bekomme zwar von meinen Kusinen die alten Sachen zum Anziehen geschenkt, wenn sie ihnen zu klein geworden sind, aber manchmal ist meine Mutter doch gezwungen, mir eine neue Hose oder neue Schuhe zu kaufen, wenn die geschenkten Hosen zu weit sind oder die Schuhe zu groß. Ich versuche auch wenig zu essen und ganz dünn zu sein, dünner als meine Kusinen, damit mir möglichst wenige Hosen passen, die ich geschenkt bekomme. Ich darf mir dann neue aussuchen, aber meine Mutter sagt, ich solle gut überlegen, was ich nehme, damit es für viele Gelegenheiten passt. Und wie gut ich überlege! Denn ich trage dann fast nur meine selbst ausgesuchten Hosen und Pullover, weil die geschenkten meist gar nicht cool und total altmodisch sind.

Im Vorjahr hat meine Mutter eines ihrer schönsten Geschäfte in einem ihrer schönsten Häuser mitten in der Stadt an Benetton vermietet, aber wir waren noch nie dort, um etwas zu kaufen. Mein Vater geht mit mir nicht hin, weil ihm die Stoffe nicht gut genug erscheinen, und meine Mutter geht nicht hin, weil es ihr zu teuer ist.

Heuer hat sich meine Mutter eine Schule gekauft. Es kostet viel Geld, wenn man in ihre Schule gehen will, und viele Leute, die in der Stadt wichtig sind, schicken ihre Kinder in die Schule meiner Mutter. Aber ich darf dort nicht hingehen. Ich besuche eine öffentliche Schule, in der man nichts bezahlt. In meiner Schule wird auch nicht gespielt in den Stunden, wir müssen gerade sitzen und die Lehrer anschauen, wenn sie reden, und wir haben viele Schularbeiten im Jahr. Meine Mutter sagt, ihr gefalle die Idee des alternativen Lernens, aber sie möchte erst einmal in Ruhe schauen, ob das auch wirklich etwas für mich sei. Meine Mutter hat studiert. Zuerst Theologie und dann Wirtschaft. Sie hat erzählt, als sie ein Kind war, wollte sie unbedingt Papst werden, und dabei hat sie gelacht. Sie hat gesagt, sie sei nie auf die Idee gekommen, dass sie irgendetwas nicht werden oder nicht erreichen könnte, weil sie eine Frau sei. Aber dann hat sie meinen Vater kennengelernt und ist doch nicht Päpstin geworden. Mein Vater sagt: bis jetzt ist sie es noch nicht geworden, aber bei meiner Mutter weiß man nie. Mich hat sie nicht einmal taufen lassen, und auch zur Erstkommunion habe ich nicht gehen dürfen, weil das nur eine Geschäftemacherei sei, wie sie sagt.

Du kannst auch zu Hause Oblaten essen, soviel du willst, hat sie gesagt, und wenn du möchtest, dann sage ich *Leib Christi* dazu und lege sie dir auf die Zunge. Aber das Geschäft mit dem teuren Spitzenkleid lassen wir deshalb nicht mit uns machen, und an den lieben Gott glaubst du sowieso nur, so lange du noch nichts über die Theologie und die Kirchengeschichte weißt.

Ich habe mir trotzdem eine Taufe gewünscht, weil die anderen Kinder in der Klasse auch getauft sind. Meine Mutter hat mit mir eine Taufkerze gebastelt, mit einem schönen roten Kreuz darauf und IHS haben wir auf die Kerze geschrieben und die Anfangsbuchstaben von meinem Namen, dann hat meine Mutter ein weites, schwarzes Kleid angezogen, das ausgesehen hat wie ein Priestergewand, und ich habe ein weißes Kleid angezogen, in dem ich ausgesehen habe wie ein

Engel, wie ein fleischgewordener Engel, hat meine Mutter gesagt. Wir haben einen Wasserkrug und eine Porzellanschüssel aus der Küche geholt und sind damit in eine Kirche gegangen. Dort hat sie mir Wasser über den Kopf gegossen und gesagt, dass sie mich nach den christlichen Grundsätzen der Nächstenliebe erziehen werde, und zwar nach ihrem besten Wissen und Gewissen, aber sie hat auch gesagt, dass sie ihr Wissen für ein besseres Wissen halte als das der katholischen Kirche. Und ich habe gesagt, ich wünsche mir ein Taufgeschenk: Ich hätte gerne ein Pferd. Aber meine Mutter hat den Kopf geschüttelt und gesagt: Ein Pferd braucht viel Zeit, und es kann nicht in der Stadt leben, wie ein Hund oder eine Katze. Dann wünsche ich mir einen Hund oder eine Katze, habe ich gesagt. Doch sie hat wieder den Kopf geschüttelt und gemeint, da müsse sie vorausschauend für mich denken. Wir seien oft nicht zu Hause und dann wären die Tiere einsam ohne uns.

Ich habe auch meinen Vater gefragt, ob er mir ein Pferd kauft. Er hat gesagt, er hätte nichts dagegen, aber er wolle mit meiner Mutter nicht wegen eines Pferdes in einen Streit geraten.

Meine Mutter macht am liebsten alles selber, sie wolle von niemandem abhängig sein, sagt sie. Sie schneidet sich sogar die Haare selbst, weil sie es hasst, Kopfgeld für sich selber zu bezahlen, wie sie sagt. Sie traut es keinem Friseur zu, dass er so gut in sie hineinschauen kann, dass er wirklich weiß, mit welcher Frisur sie sich am wohlsten fühlt. Sie macht sich auch die Strähnchen selber, weil sie es nicht aushält, stundenlang beim Friseur herumzusitzen. Bei den Strähnchen darf ich ihr helfen. Sie setzt sich eine Plastikhaube auf, und ich darf mit einer Häkelnadel die Haarbüschel durch die Haube ziehen. Dann nehme ich einen Pinsel und streiche diese Haarbüschel mit Farbe an. Während dieser weiße Brei die dunkle Farbe aus den Haaren zieht, geht meine Mutter an den Computer und kauft wieder etwas Großes ein. Auch für eine Maniküre verschwendet meine Mutter keine Zeit. Sie braucht nicht einmal eine Nagelschere oder Feile. Wenn die Nägel zu lang sind, beißt sie diese kurzerhand ab, und dann ist wieder eine Zeit lang Ruhe, sagt sie.

Mein Vater verbringt viel mehr Zeit mit Körperpflege als meine Mutter. Er rasiert sich Arme und Beine und lässt sich die Nägel regelmäßig maniküren. Er zupft sich die Augenbrauen, weil sie ihm zwischen den Augen zusammenwachsen. Er läuft auch täglich zwei Stunden, um sportlich auszusehen, und meine Mutter sagt, er gebe in einem Monat mehr Geld für Haargel aus als sie in einem Jahr für Shampoos. Und wenn sie auch so viel Zeit mit ihrem Äußeren verplempern würde, dann gäbe es niemanden in der Familie, der gescheites Geld verdiene. Mein Vater lacht dann und sagt, er sei eben der schöne Teil dieser Beziehung.

Meine Mutter investiere lieber Geld in meine Ausbildung als in Schönheitscremes, sagt sie. Sie bezahlt Sprachkurse für mich und Klavierunterricht und so, aber um meine Bildung kümmere sie sich selber. Bildung heiße aber auch soziale Bildung und Herzensbildung, sagt meine Mutter. Wenn ich etwas wissen möchte, geht sie sofort ins Bücherzimmer und kommt mit einem Buch zurück. Als ich noch kleiner war, habe ich einmal gesehen, wie meine Eltern im Fernsehen einen Film über Joseph Goebbels angeschaut haben. Dieser Joseph Goebbels hat seine Frau, seine Kinder und sich vergiftet, und als ich wissen wollte, warum er das getan hat, ist meine Mutter gleich ins Bücherzimmer gegangen und hat ein Buch geholt, in dem die ganze Geschichte des Nationalsozialismus beschrieben war. Wir haben es uns zusammen angeschaut, und ich habe Bilder von den Kindern der Goebbels gesehen und ich konnte mir nicht vorstellen, dass es Eltern gibt, die ihre Kinder umbringen, und meine Mutter hat gesagt, es gibt leider alles, sogar das, was man sich nicht vorstellen kann. Und heute denke ich mir, was sie mir gestern gesagt hat, hätte ich mir auch nie vorgestellt.

Meine Mutter hat mir viel über den Nationalsozialismus erzählt und darüber, was Hitler Böses getan hat. Als ich damals mit meinen Puppen Befreiung aus dem Konzentrationslager gespielt habe und eine Puppe gefüttert habe, und als die nicht gescheit essen wollte, gesagt habe: einen Löffel für Sophie Scholl, einen Löffel für Hans Scholl, und einen Löffel für Anne Frank, hat mein Vater geseufzt und gemeint, ob es nicht etwas zu früh sei, um mich damit zu belasten.

Aber meine Mutter hat mir beim Spielen freundlich zugeschaut und gemeint, man könne nicht früh genug damit anfangen, seinen Kindern zu sagen, was in der Vergangenheit los gewesen sei, damit sie im Fall des Falles Bescheid wissen und das Land verlassen würden, wenn es sein müsste.

Vor Kurzem hat meine Mutter ein Boot gekauft. Aber nicht so eines, in dem eine Familie wohnen kann, eine Jacht oder so, nein, ein richtiges Boot, ein großes Schiff, das nun auf einem ihrer Seen fährt und das die Leute von einem Ufer zum anderen bringt. Und jetzt wird es überhaupt spannend, hat sie gesagt, jetzt kommen Zeiten, wo man nicht mehr nur Grundstücke und Seen, sondern auch das Wasser und die Wasserrechte kaufen kann. Kannst du dir vorstellen, dass es einmal von mir abhängen wird, wie viel Wasser eine Stadt bekommt und was sie dafür zu bezahlen hat? Das hat mich meine Mutter gefragt. Und ich habe genickt, weil ich mir bei meiner Mutter alles vorstellen kann. So wie mein Vater, der gesagt hat, wer Gründe kaufe, um darauf nach Seen zu graben, und dann Schiffe kaufe, um auf diesen Seen zu fahren, der kaufe sich auch die Rechte, das Wasser abzugraben.

Wenn ich das Wasser habe, dann habe ich auch den Strom, hat meine Mutter gesagt. Denn mit der Kraft meines Wassers kann ich Strom erzeugen. Ich muss noch ein paar gute Flüsse kaufen, an denen ich dann große Kraftwerke bauen kann. Und auf meinen Feldern baue ich Raps an, aus dem man dann Treibstoff machen kann. Zum Glück habe ich genügend Gründe, hat sie gesagt und dabei gelacht. Mein Vater hat auch gelacht und gesagt: Deine Mutter hat für alles gute Gründe. Und wenn es auf der Erde zu wenige werden, wird sie sich aufmachen, um den Mond zu bewirtschaften.

Warum nicht, hat meine Mutter gesagt. Immerhin laufen die Menschen, die den Mond erforschen, auch wie die Marsmännchen herum. Wenn ich erst einmal den Mond bewirtschafte, werden die Menschen auch in so Anzügen leben, oder ich lasse eine Kuppel entwickeln, die man dem Mond überstülpen kann wie einer Sachertorte die Tortenglocke, damit sie nicht so schnell trocken wird und ihren Geschmack nicht verliert. Wer weiß, was mithilfe von Nanotechnik noch alles möglich sein wird, hat meine Mutter gesagt.

Schade sei nur, dass man den Wind nicht kaufen und verteilen könne. Man könne ihn nur dort nutzen, wo er wehe, und dann in Strom umwandeln, den man verkaufen könne, sagt meine Mutter. Deshalb kauft sie auch Gegenden, die für andere nichts wert sind, verkarstete und vom Wind ausgetrocknete Gebiete, wo außer Flechten und niedrigen Kiefern nichts wächst. Meine Mutter macht diese Gegenden wieder fruchtbar, indem sie dort Windräder pflanzt, viele große Windräder, die hoch sind wie Tannen, und die billigen Strom erzeugen, den sie dann teuer in die reichen Städte verkaufen kann. Meine Mutter hat gesagt, der Windstrom lasse sich verkaufen wie die warmen

Semmeln, und ich habe geantwortet: Mutter, dann hast du ja die reinste Windbäckerei.

Meine Mutter kann mit jeder Gegend etwas anfangen. Jeder Grund ist etwas wert, sagt sie, man muss ihn nur finden. Der Grund, sagt sie immer, der Grund ist am wichtigsten, wenn du einen guten Grund hast, dann kannst du machen, was du willst. Ob du tiefe Löcher in die Erde gräbst, oder ob du endlos hohe Masten in den Himmel wachsen lässt, wenn du gute Gründe dafür hast, dann kannst du alles machen, was dein Herz begehrt. Und seit sich der Staat zurückzieht und alle Rechte den privaten Menschen oder Firmen überlässt, kannst du praktisch alles kaufen, was es auf, unter und über der Erde gibt, sagt meine Mutter.

Einmal habe ich meine Mutter gefragt, warum sie alles haben möchte, was man kaufen kann, und sie hat geantwortet, weil es besser sei, wenn sie es habe, als wenn es die anderen hätten. Das sei nicht nur für uns besser, sondern für alle Menschen. Sie hat mir gesagt, wie das wäre, wenn böse Menschen das Wasser kaufen würden und bestimmen könnten, wie viel es kostet. Dann würden die armen Menschen nur schlechtes, gebrauchtes Wasser bekommen, weil sie das gute Wasser nicht bezahlen könnten, und überhaupt, diese bösen Menschen würden das gute Wasser dorthin leiten, wo die reichen Menschen wären, und Städte mit vielen armen Menschen würden überhaupt kein Wasser mehr bekommen.

Aber das ist doch heute auch so, habe ich zu ihr gesagt, und sie hat gelacht und gesagt, dass es heute nur in bestimmten Ländern so sei, in Indien und in Teilen Afrikas, vor allem dort, wo es wenig Wasser gebe. Dann würde es aber überall so sein auf der Welt, auch dort, wo es viel regne und wo wir leben.

Wenn ich doch mehr Gründe hätte, um die Sonne besser nützen zu können, seufzt meine Mutter oft. Es müsste doch möglich sein, dass alle Menschen auf der Welt gut leben können. Wenn mir erst einmal Afrika gehört, werde ich alle Afrikaner mit Strom aus der Sonne versorgen, und mit meinem Sonnenstrom werde ich das Meer entsalzen, wenn es mir erst einmal gehört, und dann wird es Trinkwasser für alle Menschen geben, und wenn alle Menschen genügend Wasser haben, dann müsste es auch für alle Menschen auf der Welt genug zu essen geben. Es ist genug Wasser im Meer, für alle, sagt meine Mutter gern. Man muss nur das Salz herausfiltern und das Wasser richtig verteilen.

Wenn ich meine Mutter so reden höre, kommt sie mir manchmal nicht nur wie der Papst vor, sondern wie der kleine Jesus selber, in der Geschichte, in welcher er das Meer ausschöpfen wollte. Ich denke, dass meine Mutter auch gern so gut sein möchte wie Jesus. Aber sie möchte nicht auf dem Kreuz landen, so wie er. Meine Mutter möchte nicht vom Himmelreich predigen, sondern den Himmel auf Erden möglich machen, und zwar möglichst für alle, wie sie gerne sagt.

Aber dafür muss er mir erst einmal gehören, der Himmel, sagt sie.

Und ich denke mir, vielleicht ist man kein Gott von Natur aus, man kommt auch nicht als Gott auf die Welt, vielleicht wird man zu einem Gott, wenn man sich als Mensch genug anstrengt, um Himmel und Erde zu kaufen. Und dann soll man sich die Welt nicht untertan machen, sondern sie verteilen, an alle, die noch nichts haben und die auch gern einen Zipfel von der Welt hätten, von dem sie niemand vertreiben kann.

Gestern am Abend hat mich meine Mutter auf die Seite genommen, so wie sie mich manchmal auf die Seite nimmt, wenn sie besonders ernsthaft mit mir reden will. Mein Vater war auch dabei, aber er hat nichts gesagt, so wie er fast nie etwas sagt, wenn meine Mutter gerade den Ton angibt. Sie war ganz ernsthaft, als sie gesagt hat, dass sie mit mir reden müsse, sie war noch viel ernsthafter als sonst, wenn sie über wichtige Themen mit mir reden will. Sie hat gesagt, sie möchte es mir unbedingt selber sagen, bevor ich es von anderen erfahre. Sie hat lange herum geredet, viel länger als sonst, wenn sie mir etwas erklären will, und sie hat gesagt, dass es bei ihr und meinem Vater nicht geklappt habe mit dem Babykriegen, zuerst hätte sie keine Zeit gehabt und dann wäre es wohl zu spät gewesen, und dass sie und mein Vater mich deshalb adoptiert haben. Sie hat erzählt, dass ich in Mondavien auf die Welt gekommen sei, so oder so ähnlich heiße das Land, das ganz weit weg sei von hier, fast so weit weg wie der

Mond. Meine Mutter hat gesagt, dass die Frau, die mich geboren habe, in großer Armut lebe, dass sie fast so arm sei wie die armen Menschen in Afrika, und dass sie ihr viel Geld gegeben habe, damit sie mich mitnehmen durfte. Sie habe ihr viel Geld gegeben, wirklich sehr viel Geld, hat meine Mutter gesagt, damit die Frau für ihre anderen Kinder besser sorgen könne, und so habe jeder etwas davon gehabt: Meine Mutter ein Kind, die Frau, die mich geboren hat, genug Geld, um für meine Geschwister besser zu sorgen, und ich habe die Chance auf das beste Leben, das man auf dieser Welt haben kann, hat meine Mutter gesagt, und sie hat sehr ernst geschaut dabei. Mein Vater hat sich eine Locke aus der Stirn gestrichen und gar nichts gesagt, und ich habe genickt und gemeint, wenn ich das beste Leben habe, das man auf dieser Welt haben kann, warum bekomme ich dann kein Pferd? Da ist meine Mutter ganz rot im Gesicht geworden, sie hat geschluckt und gesagt, dass ich überhaupt nichts verstanden hätte. Und dann habe ich wirklich nichts mehr verstanden. Sie hat nichts mehr gesagt und ist weggegangen und bestimmt hat sie sich schon wieder einen Berg oder einen neuen Strand gekauft. Und ich habe meinen Vater angesehen und gefragt: Kriege ich jetzt ein Pferd oder nicht? Und er hat sich die Locke aus der Stirn gestrichen und mit den Schultern gezuckt, als ob er es auch nicht wüsste.

Lebendes Geld

Robert Woelfl

Wenn Sie sich vorgenommen haben, für die Dauer einer Minute einmal nichts mit Ihrer Hand zu berühren, was zu kaufen wäre, und auch während dieser Zeit nicht daran zu denken, was Sie heute noch unbedingt kaufen müssen oder morgen oder am nächsten Samstag kaufen sollten, wenn Sie sich vorgenommen haben, Ihre Aufmerksamkeit einmal auf keinen Fall einem Gegenstand oder einer Sache zu schenken, die darum bitten, gekauft zu werden, wenn Sie sich also für die Dauer einer Minute einmal ganz heraushalten wollen aus diesem System von Angebot und Nachfrage, als kleines Experiment oder aus dem Gefühl heraus, keine Luft mehr zu bekommen, dann wird Ihnen das schon gelingen. Ja, selbstverständlich gelingt so etwas. Sie werden für eine Minute ganz weit entfernt sein von allem und sich zufrieden fühlen und frei. Aber diese Minute kostet Sie trotzdem 4 Cent. Denn wenn Sie für Ihre Wohnung im Monat 500 Euro Miete zahlen und 100 Euro für Strom und Gas und Ihre Sozialversicherungsbeiträge 250 Euro betragen und Sie pro Tag mit einem Aufwand von 20 Euro für

Lebensmittel und einen Kaffee rechnen müssen und natürlich nicht auf Ihre private Pensionsvorsorge vergessen dürfen, die mindestens 80 Euro verschlingt, und Ihre Handyrechnung 40 Euro beträgt und Sie wenigstens 70 Euro für den Besuch kultureller Veranstaltungen auf die Seite legen müssen und sollten Sie ein Auto besitzen, kommen ja noch mindestens 100 Euro dazu, dann kostet Sie diese Minute und dieses Gefühl eben 4 Cent.

*

Die Frau im Café „Roma" in der großen Halle des Shopping-Centers ist dreißig und trägt einen langen, violetten Rock und eine Jeansjacke über einem schwarzen Pullover. Sie hat dunkelrot gefärbte, schulterlange Haare und im rechten Nasenflügel ein Piercing, einen kleinen silberfarbenen Delphin. Sie bestellt sich beim Kellner ein Red Bull und stellt die zwei Einkaufstaschen neben sich auf einen Stuhl. Dann zündet sie sich eine Zigarette an. An jedem Handgelenk trägt sie einen silbernen Armreifen und abwechselnd dreht sie mit der rechten Hand den Armreifen am linken Handgelenk und mit der linken Hand den Reifen am rechten Handgelenk. Nach einigen Minuten zieht sie den Stuhl mit den Einkaufstaschen näher zu sich heran, öffnet die beiden Taschen und sieht sich noch einmal die Kostbarkeiten an, die sie heute gekauft hat.

Das Licht in der Halle ist hell und weich. Die Wellen der Rolltreppe rollen an den Strand. Vor dem Elektronik-Shop kontrolliert ein Security-Guard, dass niemand mit einer Tasche das Drehkreuz passiert. Er trägt eine dunkelblaue Jacke, eine graue Cargo-Hose mit Schenkeltaschen und halbhohe schwarze Stiefel. Er gibt einem fünfzehnjährigen Jugendlichen mit einer Handbewegung zu verstehen, dass er seinen Rucksack in einem Schließfach verstauen muss. Der Jugendliche stopft daraufhin den Rucksack in das Fach, wirft eine Münze ein, schließt die durchsichtige Plexiglastür, zieht den Schlüssel ab und geht dann durch das Drehkreuz in den Shop. Zwei Männer einer Reinigungsfirma lehnen sich über das Gestänge ihres Wagens und rauchen. Sie tragen einen roten Overall und weiße Turnschuhe. Vor einer blauen Tonne mit einem darüber aufgespannten Sonnenschirm werben ein Mann und eine Frau für die neue American-Express-Karte. Der fünfzigjährige, grauhaarige Mann und die dreißigjährige, schwarzhaarige Frau halten den Vorbeigehenden mit ausgestrecktem Arm eine Kreditkarte entgegen und rufen dabei „American Express, American Express“. Die Frau hält mit einer Hand die Karte, während sie auf ihrer anderen Hand Nägel kaut. Ein alter Mann in Jeans und einem grauen Pullover schiebt einen Einkaufswagen durch die Halle. In dem Wagen liegt eine große Schachtel mit der Abbildung eines Fernsehers. Eine junge Frau sagt zu ihrer, ihr von der

Rolltreppe entgegen kommenden Mutter: „Ich habe gebetet, dass du heute Zeit für mich hast."

Das Licht ist weich und mild. Auf den Wellen der Rolltreppe schaukeln Segelboote. In den Lautsprecherboxen zwitschern Vögel. Eine Frau, die einen Trolley hinter sich herzieht, geht auf einen der Tische des Cafés zu, nimmt die Getränkekarte aus der Halterung und liest darin. Dann steckt sie die Karte wieder in die Halterung zurück und geht, ihren Trolley hinter sich herziehend, weiter. Ein schlaksiger Jugendlicher mit weiß-roten Adidas-Schuhen und einer dunkelbraunen Lederkappe wird von dem Security-Guard vor dem Drehkreuz aufgehalten. Ohne sich auf eine Diskussion einzulassen, dreht der Jugendliche um und geht in Richtung der Rolltreppe davon. Vor dem Geländer, das die Rolltreppe auf einer Seite umgibt, nimmt ein anderer junger Mann eine Zigarette aus der Packung, zündet sie an und reicht sie seiner Freundin. Während sie die Zigarette mit ihren Lippen entgegen nimmt, holt sie ihrerseits eine Zigarette aus ihrer Packung, zündet sie an und gibt sie ihm. Er nimmt die Zigarette, inhaliert den Rauch und schlingt die Arme um seine Freundin. Ein Mann in einem gelben Overall und einer beigen Strickmütze entleert die an der Wand stehenden Aschenbecher. Dabei kippt er den Sand in einen schwarzen Plastiksack, den er auf dem Boden hinter sich herzieht. Während er von Aschenbecher zu Aschenbecher geht, spielt er mit seinem Mobiltelefon. Auf dem Rücken der Jacke des Security-Guards steht mit dicken, weißen Buchstaben das Wort „Security“. Unter seiner Jacke trägt er ein weißes Hemd mit einer schwarzen Krawatte. Er macht einen Schritt nach vor und einen Schritt zurück, wieder einen Schritt nach vor und einen zurück. Dann beugt er sich weit nach vor und berührt einmal kurz mit den Fingerspitzen den Boden, wie um sich zu vergewissern, dass der Boden noch da ist. JA, DER BODEN IST NOCH DA.

Vor einem riesigen Ventilator mitten in der Halle flattern bunte Papierstreifen. In den Lautsprecherboxen ertönt die Nummer 1 der Hitparade. Ein kleines, blondes Mädchen tanzt dazu, bis es von seiner Mutter weitergezogen wird. Die beiden Männer der Reinigungsfirma schieben ihren Wagen langsam durch die Halle und bleiben schließlich stehen, um mit einem kurzen Besen und einer Schaufel auf dem Boden verstreute Pommes frites und einen McDonald's-Coca-Cola-Becher einzusammeln. Am Info-Desk sortiert ein Mann die dort aufliegenden Stapel von Informationsbroschüren. Er nimmt einen Stapel, klopft ihn mit der Hand zurecht, sodass die Broschüren exakt übereinander liegen, und legt ihn wieder auf den dafür vorgesehenen Platz zurück. Der grauhaarige Mann, der für die neue American-Express-Karte wirbt, hält den Vorbeigehenden eine Kreditkarte entgegen. Genau in Augenhöhe. Dabei geht er jedes Mal einige Schritte vor und wieder zurück. Während er die Kreditkarte mit seiner rechten Hand hält, frisiert er mit der anderen Hand seine Haare. ALLES PERFEKT.

Drei Männer, die russisch sprechen und alle telefonieren, setzen sich an einen Tisch und bestellen einen Espresso, ein Mineralwasser und ein Cola light. Nach einer Weile setzt sich ein vierter Mann dazu. Sie begrüßen sich per Handschlag und ohne dabei aufzuhören zu telefonieren. Alle vier tragen die gleiche dunkelbraune Lederjacke und alle vier besitzen eine glänzend schwarze Herrenhandtasche. Ein Mädchen mit kurzen, nur wenige Millimeter langen, schwarz gefärbten Haaren sagt zu ihrer neben ihr gehenden Freundin: „Lass dich nicht fertig machen." Und später noch einmal, jetzt lauter: „Lass dich nicht fertig machen." Die alte Frau mit dem Trolley kehrt noch einmal ins Café zurück und studiert noch einmal die Getränkekarte. Aber sie steckt sie wieder in die Halterung auf dem Tisch zurück und geht ihren Trolley hinter sich herziehend weiter. Eine auffallend große Frau mit blonden Haaren in einem T-Shirt mit Leopardenfellmuster und mit einer kleinen roten Handtasche mit weißen Riemen und der gleichaltrige Mann in einem schwarzen T-Shirt und einer schwarzen Lederhose können sich lange nicht entscheiden, an welchen Tisch sie sich setzen sollen. Sie setzen sich und stehen wieder auf und setzen sich an einen anderen Tisch. Später sagt die Frau zu dem Mann, wobei sie ihre Ringe abnimmt und vor sich auf den Tisch legt: „Die gehören mir."

Ein fünfzigjähriger Mann setzt sich und legt drei Packungen Marlboro übereinandergestapelt auf den Tisch. Er nimmt sich eine Zigarette aus der obersten

Schachtel, langsam und behutsam, sodass die unteren beiden Schachteln nicht verrutschen. Er zündet die Zigarette an und stellt dann das Zippo-Feuerzeug neben den Stapel Zigarettenpackungen. Der Security-Guard winkt ein sechzehnjähriges Mädchen zu sich und fordert es auf, ihm den Inhalt ihrer Tasche zu zeigen. Das Mädchen öffnet den Reißverschluss der Nike-Tasche und hält ihm die geöffnete Tasche hin. Der Security-Guard nickt und das Mädchen passiert mit Schwung das Drehkreuz.

Auf den Computerbildschirmen im Elektronik-Shop erscheint ein strahlend blauer Himmel mit Schäfchenwolken. Auf den Wellen der Rolltreppe tanzen Möwen. In den Lautsprecherboxen ertönt die Stimme eines Nachrichtensprechers. DU KANNST TUN, WAS DU WILLST, SO LANGE DU DEINE SCHULDEN BEZAHLEN KANNST. In der Mitte der Halle zeigt ein Junge nach oben, zum Glasdach hinauf. Seine Eltern knien sich zu ihm, können aber da oben nichts erkennen. Zwei sechzehnjährige Mädchen setzen sich an einen Tisch und bestellen einen Erdbeershake und einen Bananenshake. Ihre Schultaschen legen sie auf den Stuhl daneben. Der Kellner bringt die Getränke in großen, bauchigen Gläsern. Er stellt den Erdbeershake und den Bananenshake auf den Tisch und stopft den Kassenbon in das kleine, dafür vorgesehene Glas. Die beiden Mädchen nehmen sich ihre Shakes und trinken sie mit einem dicken, blauen Strohhalm. Dann holen sie ihre Hefte und

Bücher heraus und beginnen, ihre Hausaufgaben zu machen. Eine junge Frau mit kurzen schwarzen Haaren und einer eckigen roten Brille setzt sich an den letzten Tisch in der zweiten Reihe. Als erstes legt sie ihren Laptop auf den Tisch, auf den Laptop legt sie ihren Terminkalender, auf den Terminkalender ihre Geldbörse, auf die Geldbörse die Zigarettenschachtel und auf die Zigarettenschachtel ihr Telefon. Ein vierzigjähriger, hagerer Mann geht mit weit ausholenden Schritten durch die Halle. Er rudert mit den Armen und übersteigt unsichtbare Hindernisse. Eine ältere, grauhaarige Frau unterhält sich mit ihrer Schwiegertochter über ihren Sohn. Dabei sagt sie immer wieder: „Man kann nur hoffen, dass ihm mit dem neuen Auto nichts passiert." Als der Mann und die Frau zahlen, zahlt sie für beide, aber er will ihr unbedingt das Geld für seinen Espresso geben. Er zählt die Münzen ab und hält sie ihr hin, aber sie schiebt seine Hand zurück. Dabei sagt sie: „Lass es mich bitte bezahlen. Ich will es bezahlen." Der Security-Guard macht einen Schritt nach vor und einen Schritt zurück, nochmals einen Schritt nach vor und einen zurück. Er streckt die Arme durch und beugt den Oberkörper vor. Dann kreist er den Kopf und die Schultern. Ganz so, als wollte er prüfen, ob der Körper noch funktioniert. Ein Mann in weißen Jeans und einem weißen T-Shirt mit einer Kette aus braunen und weißen Holzkügelchen um den Hals hat sich ein neues Mobiltelefon gekauft. Die Schachtel mit der Abbildung des Telefons liegt in einem durchsichtigen Plastiksack auf dem Tisch. Später holt er sein anderes, zweites Telefon aus seiner Hosentasche und ruft seinen Vater an. Er sagt: „Ich wollte mich nur melden, weil es so ausgemacht war. Bei mir ist alles in Ordnung."

Der Dia-Projektor wirft das riesige Bild eines Sonnenblumenfeldes an die Wand. Vor dem Ventilator flattern rote, grüne, gelbe und blaue Papierstreifen. Die Palmen am Strand biegen sich im Wind. In den Lautsprecherboxen ertönt die sanfte Stimme einer Frau, die alle Kinder und ihre Eltern jetzt zum Kindertheater in die obere Ebene bittet. Eine fünfundzwanzigjährige Frau in einem gelben Kleid und schwarzen Schuhen mit hohen Absätzen beugt sich zu ihrem Kind in den Kinderwagen. Dabei hält sie ihre Bierdose mit ausgestrecktem Arm weit vom Kinderwagen weg, damit das Kind die Dose nicht sehen kann. Eine junge Japanerin mit einem roten Halstuch und einem winzigen Louis-Vuitton-Rucksack lässt sich von ihrem Freund vor dem Geländer bei der Rolltreppe fotografieren. Dann packt sie den Fotoapparat wieder in den Rucksack und beide fahren mit der Rolltreppe ins Untergeschoß. Auf der Rolltreppe geben sie sich einen langen Kuss. Ein vierzigjähriger, aber schon weißhaariger Mann setzt sich, nimmt seinen Laptop aus der Tasche und bestellt sich einen koffeinfreien Espresso. Er trägt ein weißes Hemd und statt einer Krawatte ein Lederbändchen. Kurze Zeit später setzt sich ein zweiter Mann dazu. Im Moment des Niedersetzens überreicht er dem ersten seine Visitenkarte. Auch er legt seinen Laptop auf den Tisch, und während er den Laptop startet, sagt er zum anderen: „Wir können uns nicht aussuchen, mit wem wir zusammenarbeiten." Eine junge Frau sagt zu ihrer Freundin, mit der sie sich getroffen hat, um mit ihr ein Glas Sekt auf ihren Geburtstag zu trinken: „Es war ein gutes Jahr und ich wünsche mir, dass das nächste Jahr genau so gut wird." Ihre Freundin gibt ihr später, nachdem sie ein zweites Glas Sekt bestellt haben, ihr Geburtstagsgeschenk. Es ist ein in einer kleinen blauen Schachtel verpacktes silbernes Kreuz. Zwei Männer, einer in einem dunklen, dreiteiligen Anzug, der andere in einem helleren Anzug mit einem dunkelblauen Hemd und einer gelben Krawatte, unterhalten sich über Personalstruktur und Zeithorizonte. Einer der beiden sagt: „Zweitausendsechzehn, zweitausendachtzehn, zweitausendzwanzig." Eine Frau in einem Kostüm mit einem Namensschildchen am Revers sagt zu ihrer Arbeitskollegin: „Auf dem Parkplatz vor dem Kino hat Paul jemandem einen Platz direkt vor der Nase weggeschnappt. Als wir aussteigen wollten, steht der auf einmal vor der Fahrertür und schlägt ohne etwas zu sagen mit der Faust ins Auto herein."

Die alte Frau mit dem Trolley geht durch die Tischreihen des Cafés, setzt sich an einen Tisch, steht aber sofort wieder auf, geht dann auf den Kellner zu und fragt ihn nach der Toilette. Drei Frauen setzen sich an einen Tisch, stellen ihre Einkaufstaschen alle auf denselben Stuhl und bestellen drei Gläser Weißwein. Eine von ihnen trägt helle Jeans, die an den Oberschenkeln mit Strass besetzt sind, ein dunkelblaues, mit Blumenornamenten bedrucktes Shirt und eine Jeansjacke mit einem Pelzkragen, dazu einen rosa Lippenstift und schwarz lackierte Fingernägel. Sie sagt: „Zuerst haben wir Sekt getrunken, dann Bier, dann hat Marius Cocktails gemixt, dann habe ich Wodka getrunken, und dann habe ich etwas getrunken, das ich gar nicht gekannt habe.“ Eine der Freundinnen antwortet darauf: „Manchmal geht eine Beziehung eben so aus.“

Eine Gruppe von Kindern läuft laut schreiend durch die Halle. Jedes der Kinder hält einen rosa Luftballon in der Hand. Auf den Ballons leuchtet das Logo eines Mobilfunkbetreibers. Als eines der Kinder seinen Ballon loslässt, steigt der Ballon bis zum Glasdach der Halle hinauf. Das Mädchen läuft daraufhin zurück zu dem Stand mit dem rosa Sonnenschirm, um einen neuen Ballon zu holen. Eine Frau in einem rosa T-Shirt mit dem Logo des Mobilfunkbetreibers füllt mit einem zischenden Geräusch das Gas in den Ballon. Der grauhaarige Mann, der für die neue American-Express-Karte wirbt, holt hinter der blauen Tonne einen Klappsessel hervor und setzt sich. Er dreht sich mit dem Rücken zur Halle, um ungestört ein Sandwich verzehren zu können. Seine Kollegin öffnet eine Flasche Multivitaminsaft und gießt für sie beide je einen Becher ein. Eine junge, dunkelhaarige Frau sagt zu dem älteren ihr mit verschränkten Armen gegenübersitzenden Mann: „Lach doch mal so wie auf dem Foto." Und später: „Letztes Jahr habe ich einen Freund gehabt, aber es war nichts Richtiges." Eine andere junge Frau, die ein bauchfreies T-Shirt trägt und ein Piercing im Nabel hat, wartet im Café „Roma" auf ihren Freund. Als er schließlich erscheint, geben sie sich zur Begrüßung einen Kuss. Sie zündet sich eine Zigarette an und überreicht ihm das Geschenk, das sie ihm mitgebracht hat. Es ist ein Rubbellos. Zwei junge Männer starren auf ihre vor ihnen auf dem Tisch liegenden Telefone und warten darauf, dass sie läuten. Sie trinken ein Cola light und ein Corona Bier. Sie sind beide braun gebrannt und haben einen muskulösen Oberkörper. Zwischen den Knien des einen klemmt ein Plastiksack von H&M. Während er darauf wartet, dass sein Telefon endlich läutet, öffnet er den Plastiksack und sieht sich noch einmal den Schatz an, den er heute zusammengetragen hat.

Eine Frau mit langen schwarzen Haaren nimmt ihr Kind aus dem Kinderwagen und setzt sich mit ihm an einen Tisch in der zweiten Reihe. Sie setzt sich mit dem Rücken zur Halle, um unbeobachtet das Kind stillen zu können. Der Dia-Projektor wirft das Bild eines Mohnblumenfeldes an die Wand. In den Lautsprecherboxen ertönen die größten Hits der Sechzigerjahre. Am Horizont erscheinen Segelschiffe. CHRISTOPH KOLUMBUS TRIFFT IN AMERIKA EIN UND ERSCHLIESST EUROPA EINEN NEUEN MARKT.

Der Mann, der für die American-Express-Karte wirbt, bietet seiner Kollegin aus einer zitronengelben Packung Bonbons an. Sie greift danach ohne dabei die Vorbeigehenden aus den Augen zu lassen. Fragend ruft sie „American Express, American Express" und hält allen mit ausgestrecktem Arm die neue Kreditkarte entgegen. Einer der zwei dreißigjährigen Männer am Tisch sagt: „Ich will mit den personenbezogenen Daten machen können, was ich will. Das Projekt ist inhaltlich uninteressant, aber technisch würde es mich reizen." Zwei Freundinnen küssen sich, als sie sich treffen, drei Mal auf die Wange. Sie rauchen selbstgedrehte Zigaretten und eine von ihnen besitzt ein Feuerzeug in Form eines Leuchtturms. Ein Telefon läutet, und ein Mann in kurzen Hosen sagt: „Ich bin da. Komm, wann du willst. Dann gehen wir zusammen und schauen, was es kostet." Einer der beiden Männer von der Reinigungsfirma geht zu einem der an der Wand stehenden schwarz-silbernen Aschenbecher und drückt dort die Zigarette aus, die ein Passant zuvor nur hineingeworfen hat. Eine dreißigjährige Frau mit kurzen orange gefärbten Haaren in einem orangefarbenen Pullover und einer orangefarbenen ärmellosen Jacke erzählt dem ihr gegenübersitzenden und ihr aufmerksam zuhörenden Mann von ihrer Urlaubsreise nach Chicago. Sie sagt: „Der Hinflug war ein Horror und der Rückflug war ein Horror. Die ganze Reise war ein Horror, und ich bin froh, dass ich es nicht bezahlt habe. Ich bin froh, dass er alles bezahlt hat." Zwei

Männer gehen aufeinander zu und einer drückt dem anderen ohne ein Wort zu sagen sein Telefon in die Hand, das derjenige auch augenblicklich an sein Ohr hält. Ein alter, kahlköpfiger Mann mit nacktem Oberkörper in einer weißen Latzhose und braunen Filzschuhen schiebt langsam einen leeren Einkaufswagen durch die Halle. Zwei Sechzehnjährige gehen an ihm vorbei und werfen eine leere Coca Cola-Dose in den Wagen, als wollten sie sagen, SELBER SCHULD. Zwei Verkäuferinnen eines Kleidershops bestellen ein Tonic und ein Red Bull, ein Käsesandwich und eine Waldbeerentorte. Eine der beiden sagt: „Sie ist Stammkundin. Sie hat siebentausendvierhundert minus. Aber das ist ihr egal." Eine Freundin winkt ihnen im Vorbeigehen zu. Sie winkt mit einer durchsichtigen Plastikbox mit einem asiatischen Nudelgericht. Auf dem Rücken ihres roten, langärmeligen Shirts steht der Schriftzug „Sisley". Im Café sagt eine Frau zu ihrer Freundin: „Wenn ich nicht zufällig das Telefon abgehoben hätte, hätte ich wahrscheinlich nie erfahren, dass er über Zweihunderttausend Schulden hat. Meiner Mutter kann ich das nicht sagen und meiner Schwester auch nicht." WER OHNE SCHULDEN IST, WERFE ALS ERSTER EINEN STEIN.

Eine achtzigjährige Frau geht langsam auf ihre Gehhilfe gestützt auf einen Tisch zu. Sie setzt sich und legt eine weiße, mit einem Blumenornament bedruckte Zigarettenpackung mit zwölf Zentimeter langen Zigaretten auf den Tisch. Sie bestellt beim

Kellner auf Italienisch einen Cappuccino und ein Tiramisu. Sie nimmt sich eine der zwölf Zentimeter langen Zigaretten und lässt sich vom Kellner Feuer geben. Sie bedankt sich dafür wiederum auf Italienisch. Auf der Toilette in der unteren Ebene schreit der Geschäftsführer des McDonald's vor einer der versperrten Toilettentüren: „Ich weiß, dass du da drinnen bist. Du bist jetzt schon mehr als eine halbe Stunde da drinnen." Bei der Rolltreppe bellt plötzlich und durchdringend laut ein Hund. Das heisere Gebell erfüllt die ganze Halle. Sofort schlägt die Besitzerin dem Hund mit der flachen Hand auf den Rücken, aber der Hund hört nicht auf zu bellen. Zwei Jugendliche kommen in Begleitung ihrer Mütter aus dem Elektronik-Shop. Sie tragen jeder die neue Spielkonsole in der Hand. Sie gehen nebeneinander im Gleichschritt und halten ihre Schachtel mit beiden Händen. Die junge Frau, die sich mit ihrer Mutter im Café verabredet hat, trägt einen türkisfarbenen, kurzärmeligen Pullover, Jeans und weiße Turnschuhe. Sie weint und knetet ein Taschentuch. Ihre Mutter nimmt unter dem Tisch ihre Hände. Sie streicht ihrer Tochter über die Haare. Aber das hilft alles nichts. In der Mitte der Halle steht ein blonder kleiner Junge auf einem Bein und versucht mit den Armen rudernd so lange wie möglich das Gleichgewicht zu halten. Dann läuft er mit ausgebreiteten Armen ein Flugzeug imitierend zu seiner Mutter. Ein sehr dicker, dreißigjähriger Mann mit einer Glatze, mehreren Piercings in beiden

Augenbrauen und einem tätowierten Stacheldraht auf dem rechten Oberarm sagt zu seinen beiden Geschäftspartnern: „Ihr müsst mich verstehen. Ich will wissen, wo der Rest ist." Und nach einer kurzen Pause sagt er es lauter und eindringlicher noch einmal: „Ich will wissen, wo der Rest ist."

Auf den Computerbildschirmen im Elektronik-Shop erscheint wieder das Sonnenblumenfeld. Die Wellen der Rolltreppe schlagen ans Ufer. In den Lautsprecherboxen ertönt das Gekreisch von Möwen. Die roten und grünen Papierstreifen flattern im Wind. WO IST DAS GANZE GELD? WO IST ES GEBLIEBEN? Der grauhaarige Mann, der für die American-Express-Karte wirbt, hat einen Kunden gewonnen. Er steht mit dem neuen American-Express-Kunden vor der blauen Tonne und füllt das Bestellformular aus. Nachdem er damit fertig ist, überreicht er dem Kunden eine Kopie des Formulars, schüttelt ihm die Hand und nimmt dann wieder seine Position ein. Die alte Frau mit dem Trolley stellt sich an das Geländer bei der Rolltreppe. Nach einer Weile setzt sie sich auf den Trolley, lehnt sich mit dem Rücken an das Geländer und schließt die Augen. Eine junge Frau in einer kurzen, schwarzen, eng anliegenden Hose und einem rot-schwarzen Nike-T-Shirt trägt ihr Fahrrad auf der Schulter durch die Halle. Einer der Männer von der Reinigungsfirma schiebt sein Bodentuch an einem langen Stab vor sich her. Eine Frau in einem grünen Pullover und einem langen, schwarzen Schal setzt sich und legt einen Stapel von drei Zigarettenpackungen auf den Tisch. Eine Packung Marlboro, eine Packung Camel und eine Packung Philip Morris. Sie legt ihr Feuerzeug und ihr Telefon daneben und schiebt nun diesen Haufen immer wieder einmal auf die linke, einmal auf die rechte Seite des Tisches, einmal nach links, einmal nach rechts. Ein Zwanzigjähriger in einer braunen Hose mit Schenkeltaschen, neuen, blauen Puma-Turnschuhen und einer dunkelgrünen Jacke, auf deren Rücken mit großen weißen Buchstaben „drunk" geschrieben steht, geht mit federnden Schritten durch die Tischreihen des Cafés und bettelt um Münzen. Zwei sechzehnjährige Mädchen haben sich bei H&M den gleichen Pullover gekauft. Eine fünfundzwanzigjährige Frau sagt zu ihrer, ihr gegenübersitzenden Freundin: „Meine Schwester lässt sich jetzt endlich scheiden. Aber seine Familie will alle Geschenke zurück, die Ringe, die Armreifen, die Uhr, den ganzen Schmuck."

Der Projektor wirft wieder das Bild des strahlend blauen Himmels mit den Schäfchenwolken an die Wand. In den Lautsprecherboxen singt ein Chor. Die Wellen rollen an den Strand und wieder zurück. Im Sand liegen Muscheln und Seesterne. Die grünen, blauen und roten Fahnen flattern im Wind. Eine der beiden Schwestern, die die gleichen schulterlangen braunen Haare haben und beide eine rechteckige Brille tragen, sagt: „Du bist älter als ich. Du bist verheiratet und du hast Kinder. Du bist mental viel stärker als ich.

Zerstör mir meine Illusionen nicht." Ein dicker Mann in einem grün gefleckten Tarnanzug und blau-weißen Adidas-Schuhen filmt mit einer kleinen Videokamera seine Freundin, die den gleichen grün gefleckten Tarnanzug trägt. Er filmt sie dabei, wie sie eine Postkarte schreibt und ein Stück Torte isst. Zwei Frauen tragen zusammen eine große Schachtel durch die Halle. Die Schachtel ist glänzend rot und trägt weder einen Schriftzug noch eine Abbildung. Vor der Rolltreppe setzen sie die Schachtel ab und ruhen sich eine Zeit lang aus. Dann nehmen sie die Schachtel wieder auf, heben sie über den Kopf und fahren so die Rolltreppe hinunter. Ein Mann mit einem weißen Kinnbart in einem grünen Rollkragenpullover und einer glänzend schwarzen Lederjacke sitzt zusammengesunken auf seinem Stuhl und spielt mit seinem Telefon. Er starrt auf das Display, bis eine Frauenstimme „Wassily" ruft. Augenblicklich steht er auf, nimmt die Einkaufstaschen und geht zu der außerhalb der Tischreihen wartenden Frau. Eine fünfzigjährige Frau hat sich im Café mit einem jungen Mann in einer hellbraunen Cord-Jacke verabredet, um Euro-Münzen zu tauschen. Jeder von ihnen hat seine Münzen in einem kleinen, durchsichtigen Plastiksack mitgebracht. Sie halten die Münzen gegen das Licht, um sie auf Fehler zu untersuchen. Die Frau sagt: „Ich will welche vom Vatikan, von Portugal und von Belgien. Die anderen interessieren mich nicht." Am Nebentisch führt ein Mann seine Zigarette mit einer großen Ausholbewegung zum Mund, so als würde er dabei jemanden umarmen. Das sechzehnjährige Mädchen trägt ein hellblaues Shirt mit langen Ärmeln und einer Kapuze. Sie hat kurze, rote Haare und trägt an jedem Finger einen Ring. Sie hat sich hier mit ihrer Mutter verabredet, und als ihre Mutter endlich kommt, geht sie ihr einige Schritte entgegen, nimmt ihr die Einkaufstasche aus der Hand und sieht nach, was ihre Mutter eingekauft hat. Als sie einander dann gegenübersitzen, zeigt die Tochter der Mutter ihr neues Tattoo auf ihrem rechten Oberarm. Ein Mann mit einer Bierdose in der linken und einer Bierdose in der rechten Hand stolpert über die letzten Stufen der Rolltreppe. Er verliert das Gleichgewicht und die zwei Dosen rollen mit einem hellen, scheppernden Geräusch über die Treppe hinunter. Der kahlköpfige Mann bleibt lange Zeit auf dem Boden sitzen, unfähig, sich allein wieder aufzurichten.

Die alte Frau mit dem Trolley setzt sich an den am weitesten abseits stehenden Tisch des Cafés. Sie nimmt die Getränkekarte aus der Halterung und faltet sie auf. Als der Kellner schließlich an den Tisch kommt, bestellt sie sich ein Käsesandwich und ein Glas Wasser. Der weißhaarige Mann, der für die neue American-Express-Karte wirbt, holt hinter der Tonne seinen Klappsessel hervor und setzt sich damit unter den blauen Sonnenschirm. Seine Kollegin hält noch immer den Vorbeigehenden die neue Karte hin und ruft dabei „American Express, American Express". Der Mann lehnt sich mit dem Rücken gegen die

Tonne und schließt die Augen. Der Security-Guard steckt seine Kappe in die Schenkeltasche seiner Hose, kontrolliert noch einmal sein Sprechfunkgerät, frisiert sich mit beiden Händen die Haare, winkt einem Verkäufer im Elektronik-Shop zu und geht dann in Richtung der Rolltreppe, um in die untere Ebene zu fahren. Als er einige Zeit später zurückkehrt, trinkt er im Gehen eine Dose Sprite. In der Mitte der Halle bleibt er unvermittelt stehen und sieht nach oben, zum Glasdach hinauf, als erhielte er von dort oben Befehle. ES GIBT KEINE BEFEHLE VON OBEN.

Die Frau im Café „Roma" zündet sich wieder eine Zigarette an. Der kleine silberfarbene Delphin im rechten Nasenflügel glitzert im Licht des Scheinwerfers über ihr. Die Frau nimmt ihr Telefon in die Hand. Zu ihrem Gesprächspartner am Telefon sagt sie: „Ich muss woanders hin. Es ist mir egal, was es kostet. Ich muss wieder dorthin, wo ich hingehöre. Hier habe ich keine Zukunft. Aber ich weiß, dass mir das Geld dafür fehlt. Für einen Neustart fehlt mir das Geld. Auch wenn ich mir das Herz herausschneiden würde, würde das die Situation nicht ändern. Ich kann nicht zaubern. Wünsch mir bitte Glück."

DIE AUTORINNEN UND AUTOREN

HARALD DARER, geboren 1975 in Mürzzuschlag, lebt seit 1997 in Wien. Seit 2005 Veröffentlichung von Texten in Literaturzeitschriften und Anthologien. 2009-2010 Akademie für Literatur in Leonding. 2013 Debütroman „Wer mit Hunden schläft". 2013 Arbeitsstipendium BMUKK. 2015 Roman „Herzkörper".

IRMGARD FUCHS, geboren 1984 in Salzburg, lebt in Wien. Studium der Theater-, Film- und Medienwissenschaft sowie der Sprachkunst. Derzeit Teilnahme an der Drehbuchwerkstatt München. Stipendien und Auszeichnungen, zuletzt: Wiener Literatur Stipendium 2013, Nominierung zum Leonce-und-Lena-Lyrikpreis 2015. Prosadebüt „Wir zerschneiden die Schwerkraft" im Herbst 2015.

SUSANNE GREGOR, geboren 1981 in Zilina, Slowakei, lebt seit 1990 in Österreich. Studium der Germanistik und Publizistik in Salzburg, ein Jahr lang Lehrtätigkeit an der University of New Orleans. Förderpreis des Hohenemser Literaturpreises 2009, 1. Preis der Exil-Literaturpreise 2010. Kurzgeschichten in diversen Literaturzeitschriften und Anthologien. 2011 Debütroman „Kein eigener Ort". Roman „Territorien" im Herbst 2015.

NADINE KEGELE, geboren 1980 in Bludenz, lebt seit 1998 in Wien. Bürolehre, Zweiter Bildungsweg, Studium der Germanistik, Theaterwissenschaft und Gender Studies, Diplomarbeit zu Marlene Streeruwitz. Lohnarbeiten als (Nacht-)Sekretärin, Finanzassistentin, Mediaplanerin, Versandhelferin, Korrektorin. Aufnahme am Deutschen Literaturinstitut Leipzig (kein Antritt), Stückentwicklung von „Schlafen mit Schaben" in der Schreibklasse am Schauspielhaus Wien. Diverse Preise und Stipendien, u.a. Publikumspreis beim Bachmann-Wettbewerb 2013, Preis der Stadt Wien sowie des Bundesministeriums für das Debüt „Annalieder", Staatsstipendium des Bundesministeriums 2013/2014, Residenzstipendium Literarisches Colloquium Berlin 2014. Erzähldebüt „Annalieder" 2013. Debütroman „Bei Schlechtwetter bleiben Eidechsen zu Hause" 2014. Premiere als Theaterautorin mit „Wälderweiberwut" im Rahmen der Produktion „Mutterland" im Theater Kosmos Wien 2014.

Gabriele Kögl, geboren 1960 in Graz. Lehramtsstudium, Filmakademie Wien. Die wichtigsten Publikationen: Roman „Mutterseele" 2005. Roman „Vorstadthimmel" 2011. Roman „Auf Fett Sieben" 2013. Die wichtigsten Theateraufführungen: „Mein Leben als Konsument" Landesteater Linz 2009. „Fressen, Kaufen, Gassi gehen oder Die Treue hat einen Hund" Recklinghausen 2008, Hamburg 2008, Stuttgart 2011 und Wien 2013. „Anus Minimalis" Wien 2004. Die wichtigsten Preise und Stipendien: Clemens von Brentano-Preis 1994. Literaturförderungspreis der Stadt Graz 1994. Staatsstipendien 2002 und 2005. Literaturstipendium des Landes Steiermark 2003. Dramatikerstipendium 2004 und 2012. Alfred-Gesswein-Literaturpreis 2005. Würth-Literaturpreis 2005. Literaturstipendium der Stadt Graz 2007. Jubiläumsstipendium der Literar Mechana 2013.

Wolfgang Mörth, geboren 1958 in Bregenz. Ausbildung zum Elektrotechniker. Studium und Kulturarbeit in Graz. Autor von Theatertexten, Erzählungen und Essays. Herausgeber verschiedener Anthologien. Mitherausgeber der Literaturzeitschrift „miromente". Für die literarische Arbeit ausgezeichnet unter anderem mit der Einladung zum Ingeborg-Bachmannpreis (1991), dem Harder Literaturpreis (1993), dem Literaturpreis des Landes Vorarlberg (1994), dem Förderpreis beim Max-von-der-Grün-Preis (1995) und dem Heidelberger Theaterpreis zusammen mit dem Aktionstheater-Ensemble (2014). Lebt in Bregenz.

Silvia Pistotnig, geboren 1977 in Klagenfurt, derzeit in Wien lebend. Veröffentlichungen in „Podium“, „Sterz“, „Macondo“, „Entladungen“ „Der Standard“ (Album) und „Datum“, sowie in den Bildbänden „En Détail. Alte Wiener Läden“ (hg. von Petra Rainer, Wien 2002) und „Wien im Lichte der Nacht“ (hg. von Andreas Brunner, Wien 2008). Debütroman „Nachricht von Niemand“ 2010. Auszeichnungen: dreimal Arbeitsstipendium für Literatur des Bundesministeriums für Kunst und Kultur, 2010 Förderpreis für Literatur des Landes Kärnten.

Angelika Stallhofer, geboren 1983 in Villach, lebt in Wien. Studium der Publizistik- und Kommunikationswissenschaft in Wien und Hamburg, 2009 Diplomarbeit über das Radiofeature bei Ö1, danach Bürotätigkeit sowie freie Journalistin. Seit 2012 Veröffentlichungen von Prosa und Lyrik in Literaturzeitschriften und Anthologien. Absolventin des Lehrgangs „Literarisches Schreiben“ am Institut für Narrative Kunst NÖ. Derzeit Arbeit am Debütroman. 2014 Start-Stipendium des Bundeskanzleramts, Arbeitsstipendien des Bundeskanzleramts 2014 und 2015.

Robert Woelfl, geboren 1965 in Villach, studierte an der Universität für angewandte Kunst in Wien und lebt seitdem hier als freier Schriftsteller. Für seine Theaterstücke erhielt er mehrere Preise, darunter den Reinhold-Lenz-Preis für neue Dramatik, den Autorenpreis der deutschsprachigen Theaterverlage und zuletzt den Dramatikerpreis des Stadttheaters Klagenfurt. Für seine Videoessays erhielt er den Österreichischen Videokunstpreis. Seit 2011 hat Robert Woelfl an der Universität für angewandte Kunst am Institut für Sprachkunst einen Lehrauftrag für Szenisches Schreiben. Seit 2012 leitet er die Hörspieltage Neulengbach in Niederösterreich. Robert Woelfls Theaterstücke erscheinen im S. Fischer Verlag, Frankfurt am Main.